KB252992

항공독립운동과
임도현 비행사

KS 한국학술정보㈜

항공독립운동과 임도현 비행사

이윤식 지음

KS 한국학술정보㈜

1931년, 동경-제주도-상해, 1,780㎞ 비행에 담긴

진실이 밝혀진다

머리말

　이 책은 불행한 어느 비행사와 해방 전 항공을 통해 독립운동을 펼치던 역사 이야기이다. 항공을 통한 독립운동의 역사를 살펴보면서 잊힌 한 비행사 이야기의 진실은 무엇인지, 독자들과 함께 추적하는 형식으로 구성하고 집필하였다. 항공독립운동 역사의 '숲'과 임도현 비행사의 삶인 '나무'를 함께 보자는 뜻이다.

　일본의 식민지로 전락되어 있던 시기, 1920년 전후로 많은 젊은이들이 일본, 중국, 러시아, 미국, 유럽 등지로 날아가 항공활동을 하였다. 망국(亡國)의 분기(憤氣)를 품고 남의 나라를 떠돌았지만 비행(飛行)에 대한 열망은 열강의 그들 못지 않았다. 그 몸부림이 보잘것없이 보일지 모르지만 1910년대부터 해방이 되는 1940년대까지 줄기찬 항공활동이 있었다. 그것을 나는 '항공독립운동사'라는 큰 틀에서 정립해 보았다. 해방 전 우리나라 항공역사를 '과학사', 혹은 '기술사'로 보던 시각에서 벗어나 '항공을 통한 독립운동사'로 의미를 더 강조한 것이다. 하지만 여전히 각론으로 들어가면 아직도 자료를 찾지 못해 규명하지 못한 많은 독립운동 항공인들이 많다.

　대일항쟁기에 항공인들이 활약했다는 것을 그동안 소개해 왔지만 여전히 우리가 알지 못하는 인물들이 늘 있을 것이라고 여겨 왔다. 그러던 차에 작년 5월, 임도현 비행사 유족 측으로부터 연락이 왔다.

　그 전화를 받고 나서야 제주 출신의 한 비행사가 있다는 사실을 알았다. 임도현—그의 조카 임정범 씨가 십 년 가까이 임도현 비행사의 발자취를 찾기 위해 자료조사를 해 왔으며, 그가 발굴한 자료들이 여러 언론에 소개되기도 하였다.

　나는 전화를 받고 한 달 뒤인 작년 2011년 6월에 제주도를 방문하였다. 임정범 씨는 육군 소령으로 예편하고 현재 중학교 한문 교사로 근무하고 있다. 그는 임도현 비행사 묘 옆에 임도현 비행사 기념관을 사비를 털어 만들었다.

　아직도 제주도에는 1931년 당시 제주도 상공에서 임도현 비행사와 그의 동료들의 비행기들을 목격한 사람들이 살고 있다. 1931년 12월 임도현 비행사가 그의 모친 앞으로 보내는 두루마리 서찰이 담긴 보따리를 떨어트린 곳에 가서 하늘을 쳐다보았다. 몇 차례 선회를 하고 비행기는 사라졌다는 그 하늘을. 그는 동경 근교 다치가와[立川]비행학교에서 훈련 중 비행기를 몰고 그대로 제주도를 향해 날아갔다. 모두 4대의 비행기에 임도현 비행사를 비롯한 대만인 등 7명의 비행사가 타고 함께 비행했다. 이들은 제주도 상공을 거쳐 상해로 날아갔다. 보따리가 떨어진 하늘 아래에는 북제주 조천면 임도현 비행사의 집이 있었다. 지금 그의 생가는 4·3사건(항쟁)으로 불타 없어져 집터만 남아 있다.

이 책에서는 동경에서 제주도를 거쳐 중국 상해까지 약 1,780㎞를 무착륙 장거리 비행한 임도현 비행사의 삶과 항적(航跡)을 소개한다. 아마도 임도현 비행사가 당시 우리 항공인으로서는 기록상 확인되는 장거리 비행을 한 주인공 중의 한 명일 것으로 추정해 본다. 장거리 비행이 확인된 비행사라는 점에서 의미가 있다고 볼 수 있다.

임도현 비행사뿐만 아니라 노백린, 곽임대 등 항공선각자들과 서왈보, 김공집, 최용덕, 안창남, 권기옥, 전상국, 김은제, 김영재, 이영무 등 중국에서 활약했던 수십여 명의 항일비행사들과 항공인들, 미주에서 활약한 한장호 등 6인의 대한인비행가양성소 교관 등 한인비행사, 우리 선배 항공인들의 항일정신과 항공정신이 대한민국 공군의 영공과 자유 수호 정신으로 계승되었음은 두말할 것도 없다.

끝으로 귀한 자료를 제공해 준, 임정범 씨에게 감사하며 아울러 유족과 필자에게 다리를 놓아 준 한애라 씨에게도 감사의 뜻을 남긴다.

훗날 우리 후세들이 나라를 잃어버린 시절, 비록 큰 뜻을 다 펴지 못하고 산화한 이들이 한둘이 아니지만, 그 선배들이 항공을 통해 나라를 구하고자 세계의 하늘을 날고, 항공제작기술 확보를 위해 피나는 노력을 했음을 잊지 않기를 바라는 마음이다.

차 례

임도현 비행사
발자취를 따라서

✈ 제1차 제주도 방문

필자가 한애라 씨를 만난 것은 2011년 6월 제주도에서이다. 그전에 5월, 그녀는 나에게 전화를 했다. 필자가 쓴 항공역사 관련 책을 보고, 전화번호를 수소문해서 전화를 했다고 한다. 전화를 한 이유는 제주도 출신의 비행사가 있는데 그분의 자료를 검토해 줄 수 있느냐는 거였다. 임도현 비행사. 그녀가 말해 준 이름 석 자는 처음 들어 본 사람이었다. 독학이나마 오랫동안 우리나라 항공역사를 공부했다는 사람으로서 부끄러움을 느꼈다. 나는 그녀의 소개로 제주도에서 임도현(任道賢) 비행사의 유족 임정범 씨[1]를 만나기로 했다.

제주도를 방문했던 작년 6월 24일 당시의 나의 일기를 꺼내 보았다.

---

1) 육군 소령 예편. 탐라중학교 교사. 임도현 비행사의 조카이다.

6월 23일. 제주도에 가서 하루 묵고 24일에 돌아옴. 임도현 비행사 조카 임정 범 씨와, 전화를 했던 한애라 씨를 만나다. 맑은 공기, 깨끗한 바다. 한여름 같은 더위가 인상에 남는다. 임도현 비행사가 비행을 했다는 조천면 하늘을 올려다보았다. 임도현 비행사 기념관을 둘러보고 임도현 비행사 묘지에 가 참배를 함. 임도현 비행사 관련 자료를 받음. 제주도의 비파나무에서 열리는 열매를 식당에서 먹어 봄.

임정범 씨로부터 받은 자료는 그가 지난 10년 가까운 세월에 모은 임도현 비행사 관련 자료들이다. 그것들로 작은 자료집을 만들었다. 부수적인 관련 자료는 'USB'에 담아서 필자에게 주었다. 그간 자료를 수집하러 다니면서 헛걸음도 많이 했다고 한다. 수모도 당하고 무시도 당했다고 한다. 백부의 명예를 회복하기 위해서 백방으로 뛰어다닌 것이다. 보훈처 독립유공자 공훈록에 이름을 올리는 것에는 실패를 했지만 나름 성과가 있었다. 하지만 이미 그는 국가가, 세상이 '임도현 비행사'의 존재를 알아주지 않은 데에 실망감이 컸다. 그나마 여러 신문과 방송 등 언론에서 임도현 비행사를 유족 측의 입장에서 전달하는 몇 차례 보도들이 작은 위안이 될 수 있었다. 언론의 보도에서 그가 힘들게 찾은 자료들이 세상에 조금씩 알려지기 시작한 것이다.

임도현 비행사를 언론에서 다룬 것을 보면 다음과 같다. "후손들이 어디 한번 입증해 보세요" 제하의 ≪서울신문≫(2010.8), "日 군비행기 몰고 탈출, 中서 항일운동" 제하의 ≪연합뉴스≫(2009.2.26), "일본군 비행기를 몰고 중국으로 탈출해 항일운동을 벌인 독립운동가 임도현 씨에 대해 제대로 조명해 주세요"라는 제하의 ≪조선일보≫(2009.2.26), "최근 세 번째 유보처분 뒤 행정소송 돌입, 어제 객관적 증거 찾기 위해 유해 발굴" 제하의 ≪한라일보≫(2009.6.15), "유해발굴로 두개골 총상 자국 확인" 제하의 ≪제민일보≫(2009.6), "조카 임정범 씨 기념

관 조성… 독립유공자 ‘괘씸죄’ 무게에 분노”라는 제하의 ≪제주일보≫
(2011.2.28.) 등이 있다. 방송에서는 2008년 2월 제주KBS에서 <큰아버
지의 명예를 찾고 싶어요> 제목으로, 2008년 8월 제주SBS에서는 <묻
혀진 항일투사>라는 제목으로, 2009년 6월 제주SBS에서는 <무덤 유
골 두개골에서 총탄 흔 추정 구멍 발견> 제목으로, 2011년 3월에는
역시 제주SBS가 <항일투사 임도현 자료 소(小) 기념관 개관>이라는
제목으로, 2012년 1월에는 제주KBS가 12일, 19일에 각각 제1부와 제2
부로 나누어 두 차례에 걸쳐 임도현 비행사를 심층 소개하였다.

그는 자신이 직접 발굴한 자료를 토대로 작은 기념관을 차려 놓았다.
임도현 비행사 관련 자료는 다음과 같이 정리될 수 있다.

첫째, 1938년 동경 경시청에서 작성한 선고비(鮮高秘) 제1199호에
임도현 비행사를 포함한 감시대상자인 일본비행학교 출신 조선인, 대
만인 비행사 명단.

둘째, 1936년도 “비행술 수업 중에 지나 상해로 도항”이란 내용이
적시되어 있는 임도현 비행사 공갈 무고죄에 대한 판결문.

셋째, 법의학자들의 임도현 비행사 유골을 파내어 두개골 총 흔을
배제할 수 없는 구멍 확인. 임도현 비행사의 자필 이력서의 내용 중
중국군 장교로 복무 중 동지철도에서 일본군들과 조우하여 교전하면
서 생긴 총상이라는 기록.

넷째, 『柳州20世紀圖錄』[2]이라는 중국 유주시(市)의 발행도서에 있는
유주육군항공학교 관련 기사와 사진에 중국군 간부로 보이는 복장의
임도현 비행사 사진.

---

2) 독립기념관 소장(所藏).

다섯째, 1931년 12월 제주도 상공에서 4대의 비행기를 목격한 제주도민들의 증언.

여섯째, 비행기 목격자 중 신정환 여사가 선회하는 비행기에서 낙하된 보따리를 주워 임도현 비행사가 그의 부모 앞으로 보내는 두루마리 서찰임을 확인하고, 임도현 비행사 부모에게 전달한 사실과 관련한 증언.

일곱째, 네 번의 탈출시도에서 두 번의 탈출 성공, 두 번의 탈출 실패와 제주도 연금 상황에 대한 제주도민들의 증언.

여덟째, 임도현 비행사의 자필 이력서 등이다.

✈ 제2차 제주도 방문

임도현 비행사 건으로 제1차로 제주도를 방문하여 유족 임정범 씨를 만나고 온 후 생업에 쫓기며 살면서 틈틈이 자료를 검토했다. 자료들을 힘들게 발굴했지만 보훈처와의 감정 대립과 그가 발굴한 자료들에 대한 폄하와 외면에 임정범 씨는 깊은 마음의 상처를 지니고 있었다. 이러한 상처가 그의 자료집에 중요한 걸림돌이 될 수 있었다. 필자는 2012년 1월 25일 제주도를 다시 갔다. 그리고 임정범 씨와 허심탄회하게 대화를 나누었다. 대화의 골자는 이런 것이었다.

첫째는 장개석이 한인 비행사를 만난 것은 임도현뿐만이 아니다. 최용덕, 권기옥, 손기종, 염온동, 김연기 등 다수의 한국인 비행사를 만난 것이 증언과 기록상 알려져 있다. 중국으로의 첫 망명 후 장개석과 임도현 비행사의 만남을 지나치게 강조한 점을 우려했다.

둘째, 1937년 두 번째 중국 망명을 하여 광서항공학교로 직행한다. 이 광서항공학교는 역시 유주에 있으며 유주육군항공학교의 후신이다. 그는 여기서 중일전쟁이 일어날 때까지 교관으로 근무를 한다. 전쟁이 일어나면서 광서항공학교는 비행대로 변경, 전시체제로 돌입한다. 이 광서항공학교 비행대에는 약 40여 대의 전투기가 있었다. 그의 제자들이 전쟁 초기 공중전 등에 참전하여 대부분 사망했을 것이다.[3] 임정범 씨는 이들 제자들의 공훈을 임도현 비행사의 교육에 의한 것으로 직결시키고 있다. 임도현 비행사와 광서항공학교 학생들 간의 관계 개연성은 충분히 있으나 직접적인 근거 자료 없이 무리하게 연결시키고 있다는 점을 우려했다.

셋째, 또 다른 무리한 해석과 표현이 일부 들어 있었다. 가령 중일전쟁이 일어나자 "임도현 비행사는 중일전쟁의 중심에 서 있게 되었다"라는 표현이다. 이러한 표현은 어쩌면 아무도 알아주지 않은 데 따른 자위적 보상일 수 있다. 그러나 무리한 해석과 표현을 우려했다.

필자는 임정범 씨의 그런 심리적 상황을 충분히 이해한다. 그러나 백부의 명예를 위한다면 내심 받아들이기 힘들겠지만 자료에 대한 냉철한 태도가 필요하다는 점을 말하고 싶다.

이러한 문제점만 뺀다면 임정범 씨는 조카로서 '항일독립운동 비행사'로서의 백부의 삶 중에서 주요 부분을 어느 정도 밝혔다고 본다. 다행히도 임정범 씨는 이러한 필자의 지적에 모두 동의해 주었다. 하지만 내심 무척 아파했을 것이다. 임도현 비행사를 재조명하기 위해서는 '임정범 씨의 임도현 비행사'가 아니라 그냥 '임도현 비행사'의

---

3) 중일전쟁기간, 중국군 조종사 880여 명이 전사하였다.

자료만이 필요한 것이다.

필자가 확인한 자료만으로도 보훈처 공훈록에 충분히 이름을 올리고도 남는다고 판단이 되었다. 임도현 비행사보다 자료가 부족해 보이는데도 공훈록에 등재되어 있는 여타 유공자들과 비교해도 그렇다. 그것과 상관없이 임도현 비행사의 족적을 보여 주는 자필 이력의 내용 중에서 사실로 확인된 것들도 있고 여전히 미확인으로 남은 부분도 있고, 아예 확인이 불가능한 부분도 있긴 하다.

이 책에서는 가급적 확인이 가능한 부분에 대해서만 집중적인 검토를 하였다. 그의 행적 중에 자료가 없어 확인이 어려운 부분, 설사 자료가 있어도 납득하기 어려운 행적 등에 대해서는 뒤에서 별도로 언급하기로 한다. 나는 2012년 1월 27일에 2차 방문을 마치고 제주도를 떠나 서울로 돌아왔다. 공항을 이륙하는 비행기 창으로 제주도 상공을 바라보았다. 81년 전 다치가와 비행학교를 탈출한 4대의 비행기들이 어른거린다.

1,780km 장거리 비행(飛行)의
주인공, 그는 누구인가?

    대일항쟁기 항공 선각자들에 대한 발자취를 더듬어 보려 해도 이미 증언을 해 줄 많은 사람들이 고인이 되었거나 세세한 항공활동을 확인할 수 있는 자료도 별로 없다. 이 책에서 다루고자 하는 임도현[4] 비행사에 관한 관련 자료도 4·3사건(항쟁)으로 소실되었다. 그나마 임정범 씨[5]의 노력으로 임도현 비행사의 흔적을 확인할 수 있는 몇 가지 중요한 자료가 발굴되었다. 그리고 임도현 비행사가 직접 쓴 이력서의 내용 중 상당수가 이들 자료와 일치하여 그의 관련 행적들이 사실로 확인되었다. 이를 바탕으로 그의 행적을 재구성할 수 있었다.

    임도현의 삶은 마치, 프랭클린 J. 샤프너 감독이 만든 영화 <빠삐용(Papillon)>[6]의 주인공 빠삐용, 샤리에르(스티브 맥퀸)를 연상케 한다. 도항사건 이후 해방이 될 때까지 일본 군경과 쫓고 쫓기는 험난한 삶

---

4) 任道賢.

5) 육군 소령 예편, 탐라중학교 교사.

6) 1973년 제작. 스티브 맥퀸, 더스틴 호프만 주연. 영화 속의 주인공인 Henri 'Papillon' Charriere의 역은 배우 스티브 맥퀸이 맡았다.

을 살았던 것이다.

임도현 비행사의 행적 재구성의 핵심자료들은 이렇다.

첫째, 1931년에 임도현 비행사가 일본 동경 근교에 있는 다치가와 [立川] 비행학교에 입교하여 비행훈련을 받던 중 중국으로 도항(渡航)한 사실이 명시되어 있는 1936년도 판결문과 임도현 비행사 이름이 확인되는 감시 자료들[7]이 있다. 일본비행학교를 다닌 '조선인 및 대만인' 비행사 명단이 담겨 있는 소화 13년(1938년)과 소화 14년(1939년)도 경시청정보선고비(鮮高秘) 제1199호 문건.

둘째, 1931년 제주도 조천면 상공에서 비행기가 선회하는 것을 신정환 여사(현재 생존, 82세) 등 제주도 주민들이 목격한 증언이 있다. 또한 비행기에서 보따리를 떨어트렸는데, 내용물은 임도현 비행사가 그의 모친 앞으로 보내는 서찰과 임도현 비행사가 평소 입었던 옷 등이었다. 그 비행기는 서쪽으로 점점이 사라졌다고 한다. "느네 큰 아방은 생이 곹이 흐늘을 지 무슴양 늘아댕긴 사름이여"는 당시 비행기들의 비행을 목격한 북제주 조천면 주민들이 임도현 비행사의 조카 임정범 씨에게 북제주 방언으로 들려준 증언이다. 여기에서 제주도

---

7) 소화 13년(1938년)도, 소화 14년(1939년)도 경시청정보, 비행학교 재학(졸업생, 중퇴생 포함) 조선인·대만인 조사 관련 건. 이 일경의 요시찰 인물 감시 자료에는 임도현 비행사뿐만 아니라, 영화 청연(2007년)의 주인공으로 소개되었던 박경원(朴敬元)과, 국내 항공계에서 활동한 박봉지(朴奉祉), 강세기(姜世基), 이정희(李貞喜), 이상민(李相敏), 최병문(崔炳文) 비행사 등이 망라되어 있고 전상국(田相國)도 눈에 띈다. 전상국은 중국으로 망명하여 중일전쟁 당시 중화민국 육군 항공대 폭격대대 대대장으로 활약하였다. 17회의 공중운송임무, 15회의 공중폭격임무를 수행하였으며 1938년 8월 21일 순직하였다. 중국 남경에는 항일항공열사공묘가 있다. 여기에 중국, 소련, 미국, 한국 조종사 3천여 명의 전사자 이름이 새겨진 비석들이 있다. 한국인 조종사 비석이 별도로 있으며 여기에 전상국과 김원영(金元英) 조종사의 이름이 새겨져 있다. 김원영은 중미연합추격대대 제5대대 29중대 소속 전투기 조종사였는데 1945년 3월 24일에 전사하였다. 이정희 비행사는 해방 후 대한민국 공군 여자 항공대 교관으로 활약하다가 6·25전쟁 초기에 납북되었다. 강세기는 1928년 4월에, 박경원은 1933년에 이미 일본에서 비행 중 추락하여 사망하였는데 경시청이 이를 자세히 확인하지 못한 듯하다. 박봉지는 신용인이 국내에서 운영하던 조선항공사업사에서 비행사로 활동하였다. 전쟁 말기 태평양전쟁 중 회사가 일본군에 몰수당한 채 일본의 명령으로 대주수함 초계비행 중 해남도 상공에서 미군의 무스탕 전투기의 요격에 의해 사망하였다.

방언 '생'은 '참새'이고, '아방'은 '아버지', '무슴'은 '마음'이다. '사름'은 '사람'이다. 따라서 "자네 큰아버지는 참새처럼 하늘을 자기 마음대로 날아다닌 사람이여"란 뜻이 된다.

셋째, 1937년 중국 유주항공학교 관련 사진들 중 중국군 장교 복장을 하고 있던 임도현 비행사의 사진이다.[8]

필자는 이상의 결정적인 증거 세 가지와 필자가 기존에 갖고 있던 관련 자료들을 참고하여 임도현 비행사의 행적의 뒤를 밟아 볼 생각이다. 그는 다치가와 비행학교에서 비행기를 몰고 제주도 상공을 거쳐 중국 상해 근교 드넓은 수수밭에 불시착했다. 동경에서 제주도 상공을 거쳐 상해까지 약 1,781㎞[9]를 무착륙 장거리 비행을 한 것이다. 그는 왜 군이 일본비행학교에 들어갔으며 또 왜 비행기를 몰고 중국으로 건너갔을까. 그는 이 도항사건으로 평생 일본 군경에 쫓기는 신세가 되고 4차례 체포와 4차례의 탈출을 반복하다 해방을 맞이한다. 두 번의 탈출 실패로 체포되어 일경에게 심한 고문을 받았고 그 후유증으로 그는 6·25전쟁이 한창이던 1952년 43세의 나이로 삶을 마감한다.

중국은 일본에 침략을 당한 상황이라 일본항공을 잘 아는 비행사가 필요했던 건 두말할 나위 없다. 비행기를 몰고 왔으니 중국 항공인들에겐 영웅대접을 받았을 것이다. 그는 유주항공학교와 광서항공학교에서 높은 직위에 있었던 듯하다. 비행훈련을 지도하는 교관 역할도 했을 것이다. 그 와중에 장교로서 실전을 익히기 위해 일본군과 대치하고 있는 최전방인, 동지철도에서 견습 근무도 했다. 어느 날 우

---

8)『柳州20世紀圖錄』, 광서인민출판사, 중국.

9) 1,107mile.

연히 조우한 일본군들과 교전을 벌이게 되었다. 이때 교전 중 머리에 총상을 입고 후송되어 치료를 받아 생명을 구했다. 유족들이 무덤을 파서 임 비행사의 두개골에서 총상으로 보이는 흔적을 확인했다.

그의 행적에서 몇 가지 의문이 있는 것도 사실이다. 또한 대일항쟁기 항일비행사로서 의미 있는 행적들도 있다. 우리는 그것들을 하나하나 살펴보기 전에 해방 전 우리나라 항공역사를 짧게나마 조명해 볼 필요가 있다. 그것이 임도현 비행사의 행적과 비교하기에도 좋고 해방 전의 우리나라 전체 항공사에서 임도현 비행사의 행적이 의미하는 바를 위치 지을 수도 있기 때문이다.

『월간공군』 창간호가 본
해방 전 우리나라 항공역사

1950년 6·25전쟁이 나기 바로 두 달 전에 발행된 것으로 추정되는 『월간공군』 창간호[10]는 오늘날 대한민국 공군에서 발행하는 『월간공군』의 뿌리가 된다. 전쟁이 일어나면서 이 월간지의 발행은 중단되었다가 1년 2개월 만인 1951년 6월 1일 변형된 모습으로 재탄생하는데 그것이 바로 『공군순보』[11]이다. 1952년 7월 전쟁 중에 탄생한 주간지 『Airmen's Weekly』는 1953년 1월 17일 『공군위클리』로 바뀌면서 『공군순보』 등과 쌍두마차의 기관지 역할을 한다.[12] 이들 공군 초기 기관지들은 사상전의 최전선에서 각각 '대포'와 '박격포' 역할을 했다. 『공군위클리』는 전시 상황에서 사상적으로, 실천적으로 신속하게 대응해야 하고 장병들에게 알려야 할 것들을 주로 다루었으며, 신문사

---

10) 1950년 4월 공군본부 작전국에서 발행했다. 전쟁으로 중단된 뒤 1년 2개월 만에 『공군순보』로 재창간된다.

11) 이성노, 방기환 작가가 편집 전담, "창공구락부 시절－이단체가 결성되기까지", 최인욱, 『공군』 제131호, 1972년.

12) 이윤식, 월간공군 대한민국 공군과 함께한 61년간의 여정, 『월간공군』 2011. 10월호. 32~37쪽.

의 사설격인 논설을 매회 발표하였다. 『공군순보』는 좀 더 심도 있는
공군과 항공 관련 글과 문학작품들을 실어 공군 장병들의 교육과 정
신적 위안의 친구 역할을 해 주었다.

여기서는 『월간공군』 창간호에 실린 바 있는 해방 전 우리나라 항
공역사의 내용을 살펴보자. 이 창간호에는 국방부 장관 신성모의 훈
시, 국방부차관 최용덕의 훈시와 당시 공군대위 공군본부작전국장인
장지량 장군의 "공군창간에 앞서서"의 글, 당시 공군총참모장 공군대
령인 김정렬 장군의 축사, 공군참모부장 공군대령인 박범집 장군의
축사가 실려 있다.

목차를 보면 「대통령각하 근영」, 「공군독립소론」(공군소령 한해남),
「공군이 걸어온 길」, 「영국의 활공기」, 「왜 미국은 대형항공모함건조를
중지하였는가」, 「공중연료공급」, 「우리의 상공에 나타날 적기는 이것
이다」(공사교무처), 「군인과 인생관」(공군소령 한해남), 군인과 이상
(공군대위 신현후), 「공군에 의한 승리」(알렉산더 세바스키), 「우리는
실로 항공력을 확보하고 있는가」(벤코시봐, 전재수 역), 「공군수송작
전」(공군소위 김성배 역), 「공군발달사」(공군대위 전명섭), 「초비행의
감상」, 「우리나라항공사」(공군소위 서철권), 「조종교육의 연구」(공군
대위 장동출) 등 무려 40여 꼭지에 달하는 항공과 공군 관련 전문기
사들이 실려 있다.

---

13) 『코메트』, 공군분부, 정훈감실, 1952.11.15.

여기서 서철권 씨가 쓴 우리나라 항공사의 내용을 살펴보자. 우선 해방 전 항공역사에서 언급한 항공인들은 서왈보, 전상국, 김은제, 강세기, 최병문, 안창남, 이기연, 박경원, 이상태, 장덕창, 윤창현, 김동업, 박봉지, 고선주 등이다. 목차를 보면 1. 전서, 2. 전설, 3. 최초의 비행과 최초의 외국비행기, 4. 한일 최초의 연락비행, 5. 최초의 비행기, 6. 일본항공이 우리나라까지의 연장과 외국기의 비래까지, 7. 항공행정수립, 8. 항공업자의 출현, 9. 정기항공 개시와 항공시설의 정비, 10. 우리 조인의 활약도 차차 그 용모를 현출하게 됐다, 11. 독립 후 우리 공군의 건설과 육성강화에 대하야 등이다.

이 중 최용덕, 장덕창, 김동업, 신용인, 서웅성, 이상태 등은 1만 시간 이상의 비행을 기록한 비행사들로 소개하고 있다. 전체 흐름은 일본이 우리나라를 식민지로 만들고 항공로 개척, 항공행정, 일본군 항공대 진출 등 조국 하늘을 빼앗는 침탈과정을 소상히 소개하면서 외국인 비행사들의 방문비행, 경유비행도 소개하였다.

그런 다음에 한국인 비행사들의 활동을 소개하였다. 김동업, 윤창현, 박봉지의 향토방문비행과 신용인의 민간항공사업과 조선비행학교 설립 등 활약, 이용삼 비행사(4시간 42분, 96㎞ 동양신기록)와 김광한 비행사가 일본 활공신기록을 갈아치운 활공기록 11시간 40분 기록 등을 소개했다. 끝으로 비행사고로 사망한 안창남, 이기연, 강세기, 최병문, 박경원 등을 소개하였다.

그러나 독립운동 차원에서 활약한 비행사들에 대한 소개는 최용덕, 전상국, 안창남 등을 언급한 정도이고 미주에서 교포들을 중심으로 비행학교를 수립하고 비행활동을 한 미주에서의 독립운동 차원 항공활동도 누락된 것들이 아쉬움을 남긴다.

『월간공군』에서 놓친 것 중 한 부분을 『노고지리의 증언』의 저자, 송석우 선생이 언급하고 있다. 그것은 송석우 선생의 '김동업' 비행사에 대한 평가이다. 김동업은 비행사 출신이다. 하지만 그는 공군 '정비사'로서의 삶을 영위하였다. 화려하고 남에게 보이는 삶이 아니라 우리나라의 항공분야에서 정말 필요한 부분이 무엇인지를 알고 있었다. 다시 말해 '정비' 쪽을 강조한 대목이다.

<blockquote>

비행사에 안창남, 정비사에 김동업이라고 부르짖고 싶은 심정이다. 그는 이미 이 세상을 뜬 지 오래다. 민간항공계에서나 대한민국 군항공계에서도 이렇다 할 대우도 받지 못하고 비행사/정비사 대선배 김동업은 독실한 신자로서 일생을 마감했을 뿐이다. 화려한 길을 걸었던 몇몇 비행사와는 아주 대조적인 항공인 김동업이었다.[14]

다음은 김우석에 관한 이야기다. 필자가 김우석 공군 중령을 만나 본 것은 그가 11전투비행단 정비대대장으로 재직 시였다고 기억한다… 처음에는 '이 사람이 정비대대장인가? 이런 기름투성이 정비장교도 있을까?' 하고 내 눈을 위심하였다. 그는 정비 고급장교나 대대장이기 전에 김우석 항공기 정비사였다.[15]

</blockquote>

조종사는 많다. 그러나 정비사는 앞에서 하는 일이 아니라 뒤에서 하는 일이다. 김동업, 김우석 같은 이들은 자신이 서야 할 곳, 가야 할 길을 깨달은 사람이다. 김동업 선생은 우리나라 항공역사의 흐름을 꿰뚫고 있다고 봐야 한다. 그래서 우리 항공분야에서 취약한 부분 중의 하나인 정비와 제작, 그중에서도 국가 영공을 수호하는 공군에서의 정비 분야에 초석을 다지는 데 그는 인생을 걸었던 것으로 평가할 수 있다. 공군에서는 결코 잊어서는 안 될 숨은 공로자로 지목한 송

---

14) 송석우, 『노고지리의 증언』, 한국항공대학교출판부, 2000. 30쪽.
15) 송석우, 위의 책, 34쪽.

석우 선생은 그런 의미에서 '김동업'과 '김우석'의 존재를 강조했는
지도 모른다.

공군 창군사에서 공군 창군의 주역으로 알려진 7인, 즉 최용덕, 이
영무 등 독립군 비행사 출신들과 장덕창, 박범집, 김정렬, 김영환, 이
근석 등과 여타의 항공 경험자들과 함께 기억해야 될 것이다.

'한국항공우주학회'에서 조명한 해방 전 우리나라 항공역사

한국항공우주학회에서 창립 20주년 기념으로 1987년에 발간한 『한국항공우주과학기술사』는 김석환 씨가 쓴 제1장 과학화활동과 한국항공의 여명기, 이경준 씨 등이 쓴 제2장 항공운항과 관련기술의 동향, 이해경 씨가 쓴 제3장 항공기술인력 양성기관, 조옥찬 씨가 쓴 제4장 항공우주학회의 연구기관, 임달연 씨가 쓴 제5장 항공법제와 행정체제, 이원복 씨 등이 쓴 항공우주산업과 부록, 참고자료 등으로 구성되어 있다.

우리나라 해방 전 항공역사를 다룬 제1장은 8개의 절로 나누어 과학화 계몽과 항공활동의 태동기, 3·1운동의 과학화 운동, 외국비행사의 내방과 장거리 비행 중계지로서의 동향, 안창남 비행사의 모국 방문비행과 우리 비행사들, 일제침략하의 항공사정, 광복과 군정 때의 항공정태, 한국전쟁과 우리의 위치 등으로 구성되어 있다.

『월간공군』에서 다룬 우리나라 항공역사와 비교하면 좀 더 치밀하고 자세하게 서술했으며 과학화 운동으로서의 항공활동, 외국인 비행사들의 방문비행 등 소상한 소개와 군정 당시의 항공상황, 한국전쟁 중의 항공상황 그리고 독립운동 차원의 항공활동, 미주에서의 교포들의 항공활동을 좀 더 자세히 소개한 점에서 내용상의 차이점을 보이고 있다.

이 책은 전반적으로 해방 전의 우리나라 항공역사를 과학사, 기술사의 범주에서 비중 있게 다루고 있다는 특징을 가지고 있다.

이 책에서 소개한 항공인들은 1920년대에서는 우리나라 상공을 최초로 비행하고 과학화운동을 펼쳤던 안창남과, 역시 일본에서 비행학교를 나온 장덕창, 중국에서 양성된 군비행사 서왈보, 최용덕, 미국에서 양성된 일부 인사, 여류비행사 권기옥·이정희·박경원, 및 이상태, 이기연, 정재섭, 민성기, 권태용, 신용인, 서웅성, 김영수, 김동업, 강세기, 이창균, 강우양 등을 소개하고 있다.

✈ 우리나라 최초의 비행사

이 책에서 특히 눈여겨볼 것은 1917년 일본 군마현(群馬縣) 비행기 제작소 연습부에서 제작된 비행기를 시험비행 등을 하던 김경규(金景圭)씨를 우리나라 최초의 비행사로 간주하고 있다[16]는 점이다.

金景圭(김경규)는 1917년께부터 군마켄[群馬縣]에 있는 비행기 製作所(제작소) 演習部(연습부)에 있었기 때문에 어떤 면에서는 우리나라 최초의 비행사라고 해야 옳을 것 같으나, 그는 비행사 免許試驗(면허시험)에 응시치 않았고 뚜렷한 활약도 없어 韓國航空史(한국항공사)에서는 흐려지는 결과를 가져왔다.

---

16) 김석환, 「과학화활동과 한국항공의 여명기」, 한국항공우주학회, 『한국항공우주과학기술사』, 1987. 21쪽.

비행사 면허증을 취득한 자로서 그 다음에 최초를 기록하는 사람은 ≪신한민보≫에서 소개한 이윤호이다. 이윤호는 미국 육군 항공대 소속 비행사로 처음에는 비행선을 몰았던 것으로 보인다.[17] ≪신한민보≫ 1918년 5월 24일자에서는 이윤호가 1918년 3월경 미 육군항공대에 입대하여 비행훈련을 받고 있다는 소식을 전하고 있으며 1919년 1월 2일자 같은 신문에서는 조종사가 되어 세계 제1차 대전 중 유럽전선에 6개월 동안 참전하고 그해 12월에 미국으로 돌아왔다고 전하고 있다. 신문은 이윤호가 이두형의 아들로서, 처음에는 공기선(비행선) 조종사로 활약했다고 한다. 1918년 12월 26일자 같은 신문에서 미국에서 귀국했다 하였고 "공기선을 타고 공중비행"을 했다는 내용이 실려 있다. 그리고 1월 2일자 신문에서는 "이윤호가 평민으로 시작한다"라고 언급하여 그가 제대했음을 보여 주고 있으며 "작년 6개월간 종군해서 공기선을 타고 156일간 쉴 새 없이 비행"하였다고 보도하고 있다.

이윤호를 소개한 논문도 있다. 독립기념관 독립운동사연구소 선임연구원 홍선표 박사가 『미주한인 사회와 독립운동사 1』[18]에 실은 그의 논문 「노백린과 윌로스 한인조종사 양성소」다. 이 논문에서 홍선표 박사는 이윤호를 'Lee George'로 소개하며 "미공군 조종사로 6개월간 유럽전투에 참전하였다"고 기술하였다.

그러면 여기서 1917년부터 1922년 사이에 비행사로 이름을 올린 이들을 소개해 보기로 한다.

---

17) ≪신한민보≫, 1918.12.26.

18) 미주한인백주념기념사업회 발행, 2003년.

김경규 (일본, 1917년, 일본 군마현 비행기제작소에서 시험비행사로 활동)
이윤호 (미국, 1918년 5월에서 6월, 미육군 항공대 비행선 비행사)
서왈보 (중국, 1919년 9월, 비행기 조종사, 1920년 5월 비행사 면허취득 추정)
김병상 (일본, 1919년 9월 오지마 비행학교에 재학, 비행사 면허취득 여부 확
　　　인 필요)
로정민 (미국, 1920년 5월, 필라델피아 비행학교 출신, 미해군 항공대 비행사,
　　　면허취득 추정)
최용덕 (중국, 1920년, 중국 보정비행학교에서 비행사 면허취득, 추정)
오림하 (미국, 1920년 5월 레드우드 비행학교 다님, 비행사 면허취득 추정)
이용선 (미국, 1920년 5월, 레드우드 비행학교, 비행사 면허취득 추정)
이　초 (미국, 1920년 6월, 레드우드 비행학교, 비행사 면허취득 추정)
한장호 (미국, 1920년 6월 17일, 레드우드 비행학교, 비행사 면허취득 추정)
장병훈 (미국, 1920년 6월 17일, 레드우드비행학교, 비행사 면허취득)
박락선 (미국, 1920년 9월, 리버사이드 미군용 비행대에서 수학, 비행사 면허취
　　　득 추정)
김자중 (미국, 1920년 12월, 대한인비행가양성소 출신, 비행사 면허취득, 추정)
안창남 (일본, 1921년, 오쿠리 비행학교 졸업, 비행사 면허취득)
박희성 (미국, 1922년 5월, 대한인비행가양성소 출신, 레드우드비행학교로 옮겨
　　　수업, 비행사 면허취득)
이용근 (미국, 1922년 5월, 레드우드비행학교 비행사 면허취득 추정)

✈ 우리나라 최초의 여성 비행사

한국항공우주학회에서 발행한 한국항공우주과학기술사에서는 "한
국의 여류비행사들"이라는 항목에서 권기옥, 이정희, 박경원 순으로
최초의 여성 비행사를 권기옥으로 보고 있다.

"한국 여류비행사의 역사는 1925년 봄 중국 운남성 운남육군항공학교를 졸업한
권기옥에 의해서 막이 열린다. 다음해인 1926년에는 두 번째로 이정희가 여류비행사

로 탄생되었으며, 1928년 3월 27일과 28일 양일간 대구 연병장에서 모형비행(고등비행) 대회를 가졌으며, 세 번째로 1928년 2월 조종사 자격을 획득한 여류비행사 박경원은 1933년 8월 7일 일본에서 한국까지 장거리 모국방문 비행의 꿈을 안고 2A 단발 소형기 청연호와 함께 일본 하네다 공항을 이륙했으나 일본 후지 산(부토산) 부근 하코네[箱根] 산허리에 충돌하여 추락, 사망함으로써 실패한 바 있다."[19]

1937년 동경 경시청정보 선고비(鮮高秘) 제1199호에 실린 조선적 비행사 명단에는 박경원은 "소화(昭和) 3년 1월 25일로 졸업"한 것으로 명기해 놓고 있다. 소화 3년은 '1928년'이다. 같은 명단에 있는 이정희는 소화 2년 11월 25일로 되어 있으니 소화 2년은 1927년이다. 이정희는 소화 2년(1927년) 2월 12일에 입학하여 최단기로 비행학교를 졸업한 셈이고, 박경원의 비행학교 입학연도는 이 명단에 의하면 대정(大正) 15년 3월 1일이다. 대정 15년은 1926년으로 비행학교 입학은 박경원이 1년 정도 앞섰으나 졸업을 이정희보다 늦게 한 셈이다.

면허취득으로만 놓고 보면 권기옥 다음에 이정희, 그 다음에 박경원으로 보는 것이 정확할 것이다. 하지만 영화 『청연』으로 '박경원'이 우리나라 최초의 여성 비행사로 알려진 것이나 여러 사이트의 백과사전에서 '이정희'를 우리나라 최초의 여성 비행사로 소개하고 있는 것은 잘못된 것이니 바로잡아야 할 것이다.

해방 전 우리나라 항공역사에서 여성 비행사들의 등장은 오늘날에도 시사하는 바가 있다. 목사이자 임시정부 의정원 의장을 지낸 바 있는 독립운동가인 해석 손정도 선생은 1920년대 여성교육에 대한

---

19) 김석환, 「과학화활동과 한국항공의 여명기」, 한국항공우주학회, 『한국항공주우과학기술사』, 1987. 22쪽.

중요성을 강조한 바 있다.

> 현재까지도 여자교육을 하찮게 여기는 나라와 민족이 있습니다. 여자는 혼인을 하여 살면 그만이라고 말합니다. 그리고 그 말 속에는 남자는 교육을 시켜야 한다는 말이 포함되어 있습니다. 남자는 누구에게 교육을 받습니까? 교육은 학교에서 받는다고 말하는데 그것은 진정한 교육을 모르는 말입니다. 남자라도 사람 되는 교육은 가정에서 받습니다. 즉 어머니에게 교육받는 것입니다. 무식한 어머니가 아이들을 잘 가르치겠습니까? 어머니는 자식을 교육시키는 사람일 뿐 아니라 가정을 다 보살핍니다. 그러므로 가정이 잘 되고 못 되는 것은 책임은 남녀가 같지만 여자가 더 큰 책임이 있습니다. 배우지 못한 여자가 어떻게 가정을 잘 운영하겠습니까. 그러므로 여자도 잘 교육받아야 합니다.[20]

손정도 선생은 독립운동을 하다가 일경에 쫓겨 상해로 망명해 온 권기옥을 위하여 신교육을 배우도록 북경에 있는 홍도여학교에 보냈고, 비행사가 되겠다는 권기옥을 적극 지지하여 곤명에 있는 운남비행학교에 갈 수 있도록 지원하였다.

✈ 독립운동과 항공

이 책에서는 "독립운동과 비행사들"이라는 항목에서 중국에서 독립운동 차원에서 활약한 우리 비행사들을 소개하고 있다. 안창남, 서왈보, 최용덕, 박태하,[21] 김진일,[22] 이영무, 장지일, 김은제, 권기옥 등이 그들이다. 비교적 언론에 잘 알려진 서왈보와 1921년 당시 중국

---

20) 김창수, 김승일, 『해석 손정도의 생애와 사상 연구』, 넥서스, 1999. 220, 221쪽.

21) 북경항공연의회, 『중소미공군항일공전기실(中蘇美空軍抗日空戰紀實)』, 북경, 중국, 2005. 8쪽.

22) 위의 책, 8쪽, 이 책에서는 김진일을 한국공군수임참모장(즉 사령원)이라고 소개하고 있는데 뭔가 이 책 집필자가 사실을 잘못 파악하고 있는 것으로 보인다.

광동항공학교에 다니던 박태하, 김진일은 손문이 광동혁명정부를 세우고 북벌전을 개시할 때 참전했다고 소개하고 있으며, 운남항공학교에 다니던 권기옥, 장지일, 이영무와 중일전쟁 중 1938년에 전사한 남경 중앙항공학교 출신 김은제, 민성기, 정우섭과 일찍이 병사한 권태용, 역시 중일전쟁 중 전사한 전상국과 1920년대 말 여의도 간이비행장에서 비행술을 배우고 중국으로 망명한 이한설을 소개하고 있다.

그러나 중국에서 활약했던 임도현 비행사, 김연기 비행사, 김영호 비행사, 김공집 비행사, 김치간 비행사 등 다수 소개가 누락되어 있다.

그리고 이 책은 재미교포들의 미주에서의 항공활동도 소개하고 있다. 대장격인 노백린, 재무를 책임지던 김종림 농장지주, 그리고 박희승, 한용남, 김태선, 홍종만, 정몽룡, 장병훈, 박대일, 김가겸, 조종익, 이용근, 박영섭, 김자중, 이용선, 이초 등을 소개하고 있다.

노백린은 박용만의 무장독립운동 노선을 따랐으며 동시에 임시정부 초대 군무총장을 맡았다. 임시정부를 무장독립운동의 중심으로 만들려는 원대한 꿈도 있었을 것이다. 중국 상해로 건너간 노백린은 임시정부 국무총리직을 맡았다. 1924년 4월 9일 임시정부 국무총리를 사임하고도 임정 일을 해 오다가 1926년 1월 22일 상해에서 교통사고를 당하고 그것이 원인이 되어 객지에서 사망하였다.

05

『노고지리의 증언』이 본 해방 전 우리나라 항공역사

　이 책은 항공기관사 출신으로 KNA 정비기술부장, KAL 고문 등을 역임하고 항공대 교수였던 송석우 선생이 민간항공 중심의 우리나라 초기 항공역사를 정리하여 2000년에 펴낸 책이다.

　이 책에서는 안창남, 장덕창, 이기연, 신용인, 이상태, 서웅성, 강우석, 김치간, 정재섭, 박경원, 김동업, 김연기, 이정희, 김영호, 전상국, 윤창현, 오성옥, 조성순, 박봉지, 윤공흠, 신재우, 이계환, 표명호, 이영삼, 강세기, 김성진, 최진상, 강흥주, 김영수 등 일본비행학교 출신 한국인 비행사 명단을 소개하고 있다.

　책의 제목에서 '노고지리'는 종달새로 여의도 주변을 날아다니던 새를 '증인'으로 비유하여 우리나라 초기 여의도를 중심으로 비행했던 국내외 비행기와 비행사들을 본 대로 '증언'한다는 저자의 머리말에서 보여 준 표현이다.

　이 책은 주로 민간항공을 중심으로 제1부 조선총독 치하의 민간항공에서 요람기의 비행사들 중에 잊힌 항공인들, 항공 행정기구, 항공기 사용사업, 항공 운송사업의 개막, 조선항공사업사, 일본항공주식 회사, 항공기 공업, 국민항공훈련, 비행장, 국경 경비비행대, 오오토리 바라, 마지막 민간비행업무 등을 다루고 제2부 혼돈기의 민간항공은 해방 직후의 항공 상황을 주로 다루고 있다. 군정하의 민간항공, 종로 1가 1번지, 교통부 항공과, 감항검사 제1호, 민간항공의 개막, KNA의 시련과 재기, 웅비의 계절, 혼돈기의 민항교육, KNA의 황혼, 청운동 의 매미, 신비행사 가다 등이 그 내용이다.

이 책의 특징 중 하나는 주로 국내에서 벌어진 항공활동 상황을 중 심으로 잘 알려진 항공인들보다는 잊힌 항공인들을 중심으로 기록하 고 있다는 점이다.

이 책에서는 먼저 안창남, 신용욱(인), 서웅성, 박경원, 김동업, 최병 문, 강세기, 노백린, 최용덕, 박동희, 박순화 등을 거론하고 군 분야에 서 활동한 항공인들을 배제한 민간항공과 관련한 항공인들을 중심으 로 소개하고 있다. 저자는 조선 민간항공업계에서 활동한 일본인 비 행사 후지타 씨의 회고담을 중심으로, 신용인, 일본비행학교를 나와 상해로 망명하여 독립운동에 뛰어들었다는 김치간 비행사,[23] 박봉지, 최선제, 김양욱,[24] 조명기[25] 등을 소개하고 있다.

그 다음 우리나라 항공계에서 잊힌 항공인들을, 비행사가 아닌 정 비사들을 추적 소개하고 있다. 저자는 서성진, 김우석, 고홍주 씨의 증언을 토대로 정비사들을 소개하고 있다. 저자가 나열한 정비사들로 김동업, 고준식, 서성진, 이규섭, 박재홍, 김우석, 고홍주, 주종철, 이

---

23) 이 책에서는 김치간 비행사가 해방 후 최용덕, 이영무 등 독립운동 비행사들과 함께 귀국했다고 하나 그 이후는 알려진 바가 없다고 소개하고 있다.
24) 해방 후 공군 조종사로 활약 후 대한항공 수석기장으로 활동함.
25) 해방 후 공군 조종사로 활약.

세영, 이상태, 오두환, 정두찬, 한찬동, 박상목, 김재석, 정인섭, 송재영, 김상오, 배덕찬 등이 그들이다. 우리나라 초기 항공역사를 다룬 얼마 안 되는 책들에서는 주로 비행사를 중심으로 항공역사를 다루고 있지만 송석우 선생의 이 책은 항공정비계의 인물들을 중요하게 다루고 있다는 게 큰 특징이다.

특히 김동업 같은 이는 비행사이기도 하다. 그러나 그는 공군에 들어가 정비계통에서 일을 하였다.

> 김동업, 그는 조종사이기 전에 비행기 정비기술자로서 항공계에 몸담았었다. 1927, 8년대였으니 항공역사상 조선사람으로는 맨 처음 비행기 정비기술자가 된 것이었다.26)

이들 정비사들 중에서 공군에 들어가 정비 분야에 헌신한 이들로 이규석, 주종철, 고흥주, 김우석, 이상남, 박상은, 배덕찬, 한찬동, 정인섭이 있고 육군 항공대 정비장교로는 고준식, 서성진, 박재홍, 오두환, 이세영 등이 있다고 설명하고 있다.

> 지난날 우리 민간항공의 초창기 피땀 흘려가며 레시프로 엔진의 상사점을 맞추던 기름에 찌들은 선배 기술자들이 있었기에 오늘의 대한항공, 아시아나 항공, 그리고 대한민국 공군, 육군항공대의 영화와 영광도 존재할 수 있었다는 사실을 기록해두고 싶다.27)

이 책에서는 해방 전 국내 항로도 소개하고 있는데 일본-진해-해남도 항로, 일본-울산-대구-경성-평양-신의주(신의주에서 다

---

26) 송석우, 『노고지리의 증언』, 한국항공대학교출판부, 2000. 30쪽.
27) 같은 책, 42쪽.

시 중국 봉천으로 가는 항로와 대련으로 가는 항로로 갈라진다)로 이어지는 항로, 제주도 모슬포-중국 대련 항로, 경성-중국 대련 항로, 일본-울산-경성-함흥-청진[28] 등의 일본항로와 경성-나리-광주의 조선항로가 있다.[29]

해방 전 비행장은 1920년대에는 용산연병장, 여의도 기병/포병 연병장, 평양의 육군비행장을 항공용으로 이용하고 있으며, 신의주의 경우에는 압록강 하천부지를 비행장으로 사용했다고 설명하고 있다. 1930년대에는 울산비행장, 대구비행장, 경성비행장(여의도), 청진비행장, 광주비행장, 신의주비행장, 함흥비행장, 나리불시착장, 오산불시착장, 해주불시착장, 강릉불시착장 등이 있었다[30]고 한다. 1940년대에는 김포비행장이 70만 평 규모로 조성되어 1942년에는 육군항공대 폭격기 부대가 진출하고 동년 10월에 개장식이 있었다고 한다. 1944년에는 이 비행장에 종합청사가 완공되었다.[31]

일본군 항공대의 경우는 육군비행장이 울산, 대구, 광주, 군산, 김포, 여의도, 수원, 해주, 평양, 평강, 강릉, 온정리, 신의주, 함흥, 연포, 선덕, 회문, 청진, 회령 등에 주둔하였고 해군항공대의 경우는 부산, 원산, 진해, 광주, 제주도 모슬포, 군산, 해주 등에 진주하고 있었다.[32]

이처럼 이 책은 일본이 대륙침략의 발판으로 삼았던 한반도에서의 항로와 비행장을 객관적으로 소개하여 당시 국내에서 벌어진 항공 상황의 대략을 잘 보여 주고 있다. 일제가 대륙침략의 발판으로 삼았

---

28) 청진에서 중국 장춘, 러시아의 챠무스로 가는 항로가 있다.

29) 위의 책, 90쪽.

30) 같은 책, 104쪽, 105쪽.

31) 같은 책, 116~118쪽.

32) 같은 책, 118쪽.

던 한반도에서의 항공활동만 보아도 일본 극우세력들이, "일본이 조선을 식민지화하여 근대화에 일조했다"는 망언은 거짓임을 알 수 있을 것이다.

✈ 우리나라 해방 전 항공역사와 항공인을 소재로 한 전기와 소설

이 밖에 우리나라 초기 항공역사나 당시 인물을 다룬 글은『한국항공우주과학기술사』, 이 책의 제5장에 해당하는 「항공법제와 행정체제」를 쓴 임달연 교수의『한국항공우주사』[33]가 있고, 시인이자 행정학 박사인 최연홍 씨의 「날개가 있는 것은 추락한다」[34]는 일제강점기 때 조선항공사업사를 차려 민간항공사업을 하고 해방 후에는 KNA(대한국민항공사)를 운영했던 신용인 비행사의 전기를 썼다. 그리고 이영신 선생이 서왈보 비행사를 다룬 「한국 최초의 전투비행사 서왈보 소전」을 2005년 ≪월간 신동아≫에 발표했다.

그 외 도서출판 삶과꿈에서 펴낸 일제강점기 일본 활공신기록을 갈아치운 김광한의 자서전, 임복남 씨가 쓴『우리나라 최초 여성 파일럿, 권기옥』,[35] 일본인 가노미키요가 일본에서 쓴『박경원평전』등이 있다. 항공소설로는『베니스의 개성상인』이라는 책으로 베스트셀러 작가 반열에 올랐던 오세영 소설가가 미국 한인교포 출신 미국항

---

33) 한국항공대학교출판부 2001년 발행.

34) 『월간중앙』 1992년 2월호.

35) 작은씨앗, 2007년 발행.

공대 소속 조종사가 세계 제1차 대전에 참전, 유럽전선에서 공중전을 펼친다는 소재로, 2003년에 발표한『창공의 투사』가 있다. 그리고 필자가 쓴 항공 관련 저서들이 몇 권 있다.

동경 경시청 정보 선고비(鮮高秘)
제1199호에 실린 조선적(朝鮮籍)
비행사들

✈ 1937년 동경 경시청정보, 선고비(鮮高秘) 1199호

1937년 동경 경시청정보, 선고비(鮮高秘) 1199호. 이 문서에는 일본에서 비행학교를 나온 대만인·조선인들의 명단이 첨부되어 있고 이들에 대한 조사, 탐문내용을 보고하라는 지시가 들어 있다. 공람 기관으로는 내무대신, 조선·대만 각 경무국장, 동부방위사령관, 동경형사지방재판소 검사, 동경헌병대장, 조선 각 도지사 등이다. 비행학교 출신 명단에는 임도현(任道賢/본적 전남 제주도) 비행사[36]가 명시되어 있다. 그 외 본적 주소란의 '朝鮮' 비행사들은 위 문건에서 발췌하여 표를 만들어 이 책의 부록 6에 수록하였다.

한국항공우주학회에서 1987년 발간한 『한국항공우주과학기술사』에서 언급하고 소개한 해방 전 국내, 일본, 중국, 미국 등지에서 항공

---

36) 1909.3.4.생, 1931.10.2.~11.30. 정과 졸업.

활동을 했던 항공인들은 대략 40명 내외이다. 그것도 주로 '비행사'들을 중심으로 소개한 것이 특징이다.

송석우 선생이 쓴 『노고지리의 증언』[37)에서 언급한 항공인들은 대략 60여 명 정도 된다. 그러나 비행사들 40여 명과 정비사 20여 명을 같은 비중으로 소개하고 언급하고 있다는 특징을 가지고 있다. 1935년 일본제국비행협회에서 발간한 『항공연감』에서 소개한 일본비행학교를 나온 한국인 출신 비행사들은 대략 30여 명이다.

하지만 위에서 본 것처럼 일본 동경 경시청정보 선고비(鮮高秘) 제1199호에 실린 비행사 명단에서 조선적(朝鮮籍) 비행사들은 80여 명에 달한다. 이 비행사들은 일본비행학교 출신에만 국한된다. 현재까지 국내 항공계에서 파악한 당시 항공인들은 거의 망라했다고 보지만 위 경시청 문건 명단을 보면 우리가 파악하지 못하고 놓치고 있는 당시 항공인들이 다수 있을 것으로 추정하는 것은, 위 명단에서 보듯 많은 숫자의, 일본비행학교 출신 한인 비행사들을 보면 이를 가정할 수 있을 것이다.

위의 80여 명 중 1938년 기준으로 정과를 중퇴하거나 퇴학한 사람은 약 18명 정도, 정과를 졸업한 사람은 약 50명 정도, 그중에서 정과, 조종과를 모두 졸업한 사람은 12명 정도, 조종과 재학 중인 사람이 2명, 정과 재학 중인 사람이 2명, 기관과 졸업한 사람이 2명, 정과를 졸업하고 조종과를 다녔으나 그 이후 결과를 명시하지 않은 이가 3명 정도, 조종과 퇴학이 1명, 항공기 사고로 죽은 사람이 3명 정도로 일본 경시청은 파악하고 있다. 아마도 이 명단에 누락된 사람들도 있을

---

37) 한국항공대학교출판부 2000년도 발행.

것이지만 1938년 중일전쟁이 일어난 상태에서 이들 조선인 항공인들의 만일에 있을 '적대행위'에 대한 대비를 철저히 하고 있던 것으로 보인다.

이들 중 장덕창 같은 이는 일본 항공계에 투신하여 일을 하거나, 신용인같이 국내에 들어와 국내 민간항공 분야에서 일을 하던 자들도 있겠고, 전상국, 김연기, 김영호, 김치간, 임도현 등과 같이 중국으로 망명하여 독립운동 비행사의 길을 간 사람도 있을 것이다. 이들 중에는 일부 일본군 항공대로 갔을 수도 있고, 강세기, 최병문, 박경원 등처럼 비행사고로 숨졌거나, 비행훈련 기초과정인 정과(正科)만 졸업하거나, 비행술은 배웠으나 중도에 중퇴하거나, 비행사 자격증을 취득하지 않았거나, 비행학교를 나와 비행사가 되었지만 항공활동을 중단한 이들도 있을 것이다.

하지만 김연기, 김영호, 김치간 등처럼 중국으로 망명하여 활동한 항공인도 우리가 파악을 못 할 뿐, 다수 있을 것이라고 본다. 이들의 그 후 행적에 대해 자세하게 알 수 없는 것은 일본의 감시 추적을 따돌리기 위하여 이름을 바꾸어 활동하거나 한인들 간의 접촉을 하지 않고 활동하여 우리가 파악하지 못하는 경우도 배제할 수 없다. 1932년 12월호 『삼천리』에서 김연기 비행사의 사진과 그의 글, 그의 중국에서의 활동을 소개한 글을 이번 필자가 발굴한 것은 그런 점에서 의미 있다고 본다. 이들의 흔적을 확인하기 위해 중국, 대만 등의 자료들을 찾아 꾸준히 연구할 필요가 있다.

국가 보훈처에서 본 독립운동 비행사들과 항공인들

   지금까지 항공우주학회에서 1987년 펴낸 『한국항공우주과학기술사』 책 내용 중 「과학화활동과 한국항공의 여명기」를 쓴 김석환 선생이 정리한 해방 전 우리나라 항공역사 중 독립운동 비행사들과 송석우 선생이 2000년 『노고지리의 증언』에서 정리한 해방 전 민간항공 역사, 그리고 일본제국비행협회에서 발간한 1935년 『항공연감』에서 파악한 일본비행학교를 나온 한국인 비행사들, 끝으로 일본 동경 경시청에서 1938년 「경시청정보 선고비 제1199호」를 통해 파악한 일본비행학교 출신 한국 비행사들을 살펴보았다.

   국가 보훈처에서는 이들 중 독립운동 차원에서 항공활동을 했던 항공인 독립운동가들을 공훈록에 등재하였는데, 그들은 곽임대, 김정련, 문병갑, 신덕영, 이선구, 장성철, 최능익, 최양옥, 홍대규, 강붕해, 민영완, 박준기, 변태우, 정운수, 허봉학, 염온동, 최용덕, 권기옥, 한장호, 서왈보, 김공집, 김종림, 전상국, 김원영 등 비행사이거나 독립운동 차원의 항공활동을 했던 자들 이십여 명 정도이다.[38] 이들 중

비행사들은 민영완, 염온동, 최용덕, 권기옥, 한 장호, 서왈보, 김공집, 전상국, 김원영 등 10명 내외에 국한되어 있다.

곽임대는 윌로스 한인비행학교 설립을 교포들과 함께 추진하고 비행학교 학생 감독관 역할을 하였고 김정련은 안창남, 최양옥, 홍대규, 이선구, 신덕영 등과 함께 공명단을 만들어 만주에 독립군비행학교 설립을 추진했으며, 신광희는 윌로스 비행학교에서 재무를 담당하며 비행기 5대를 구입하는 등 활약을 했고, 장성철은 광동비행학교와 소련 모스크바 비행학교를 나와 비행사로 중국 중앙항공학교 교관으로 또한 중국 항공대에서 활약하였다.

최능익은 윌로스한인비행학교 학생으로 활동하고, 민영완은 중국 중앙항공학교를 나와 무장독립운동을 하였고 중일전쟁 기간에는 김구 선생의 밀령이나 무기를 비행기로 수송하는 임무를 수행하였으며, 박준기는 진해 일본군 제51해군 항공창에서 비행기 조립 노동자들의 지도책임을 맡으며 무장봉기를 하여 항공창을 접수하려는 시도를 했으나 사전에 발각되어 미수로 끝났다. 정운수는 미국 공군사관학교에서 훈련을 받고 공군 소위로 중국, 미얀마, 인도 지역 항공대에 소속되어 일본군과 전투를 벌였으며, 염온동은 항공인 출신으로 1929년 최용덕, 김홍일, 신익희 등과 함께 한국혁명당을 만들어 독립운동을 활발히 하고 1940년대에는 광복군 총사령부 부관처 관리과장과 임시정부 군무부 총무과장 등을 역임하였다. 이미 잘 알려진 최용덕, 권기옥, 한장호, 서왈보, 김공집, 김종림, 전상국, 김원영 등은 소개에서 생략하기로 한다.

---

38) 국가보훈처 독립유공자 공훈록.

이상에서 보듯 김은제, 김연기, 김영호, 김치간, 장병훈, 이용근, 이용선, 이초, 오림하, 임도현 등 다수의 독립운동 비행사들과 항공인들이 독립운동 유공자에서 누락되어 있음을 알 수 있다. 누락된 이유는 대부분 행적을 확인할 수 있는 자료 부족이 가장 큰 원인일 것으로 보인다. 하지만 해방 전 항공역사를 잘 아는 항공계의 원로와 독립운동 전공 역사학자들의 도움을 받아 이들 중 자료의 양을 떠나 근거자료가 확실하게 있는 경우에는 공적 심사를 다시 한 번 했으면 하는 바람이다.

어느 정도 해방 전 우리나라 항공역사의 전체 흐름을 살펴보았다. 다시 우리는 임도현 비행사 이야기로 돌아가자.

08

단단한 제주(濟州) 돌멩이

임도현 비행사의 호는 '방석(傍石)'이라고 한다. 그는 1909년 3월 4일 제주도 북군 조천면 와흘리 1463번지에서 태어났다. 이 주소는 1938년 일본 경시청 비밀 감시목록과 1936년 판결문에 게재된 기록상의 주소이다.

임도현 비행사가 자필로 기록한 이력서에 보면 그 자신이 8살 때부터 12살까지 서당과 비슷한 '한문학교'를 다닌 것으로 보인다. 그리고 13살부터 16살까지 제주도 조천 공립소학교를 다녔다. 1925년 17살이 되던 해, 그는 제주도를 떠난다. 그리고 만주 봉천(심양)에서 봉천 신민 소만중학교를 1927년까지 다녔다고 했다.

유족 측의 증언에 의하면 임도현 비행사의 할아버지 임종길(任宗吉)은 정3품 통정대부[39]였다고 한다. 본관이 풍천[40]으로 4대 독자였던 아버지 임만징(任萬徵)은 통신사 주사서판[41]을 시작으로 공직에 있었

---

39) 勅命: 陞 正三品通政大夫 光武十一年.

40) 豊川.

다. 공직에 있으면서 일본제국주의자들의 횡포에 맞서다가 관직에서 물러난 듯하다. 그는 생계를 위해 목수가 되면서 맏아들, 임도현 비행사의 교육을 챙긴 듯하다. 화려한 집안은 아니더라도 공직에 있던 선비의 집안으로서 아들에게 나라정신의 교육을 강조한 것은 쉽게 짐작할 수 있겠다.

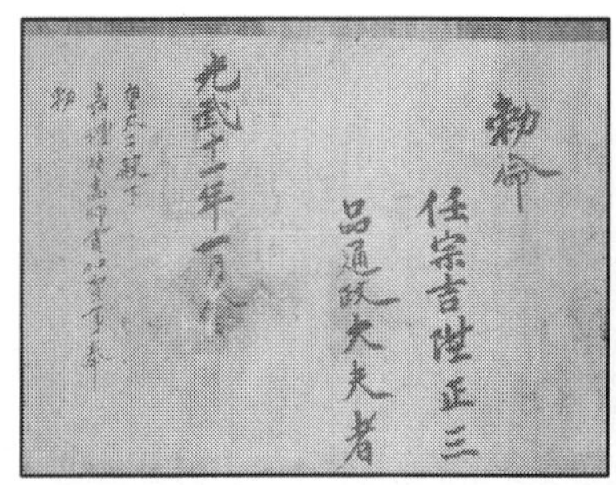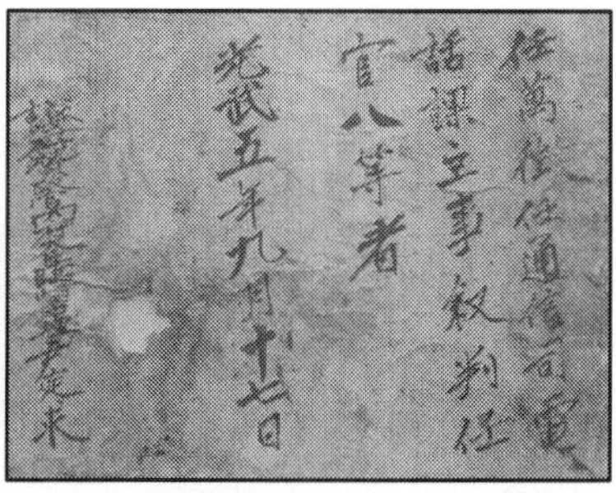

임도현 비행사 할아버지 임종길(任宗吉) 칙서와 아버지 임만징(任萬徵) 주사서판 임관 자료

어린 임도현은 한문학교에 들어가 한문학을 공부한다.

1916년 3월 3일에 한문학교에 입학하여 1920년 말에 수료하였습니다.[42]

임도현 비행사의 친척 임도정(任道貞)[43] 씨의 증언에 의하면, "어린 임도현은 삼일운동 당시 한문학교 스승이 일경에 의해 개처럼 끌려가는 것을 직접 보았다"고 하였다. 비록 그가 어린 나이지만 적개심

---

41) 任 通信司 電話課 主事 敍判 任官 八等者 光武 五年 九月 十七日.

42) 임도현 비행사 자필 이력서 中에서. 十五(壹千九百十六年 三月三日)에 漢文學校에 入學의 修學하얏십니다. 壹千九百(二十)年 此의 母校(를) 修學의 修了하얏십니다.

43) 1911년생, 2008년 사망. 제주 와흘리.

과 분노를 느꼈으리라 본다.

고(故) 임도정 씨의 증언에 의하면 "임도현 비행사는 조천 공립 소학교를 4년 만에 졸업하였다"고 했는데 머리가 총명했던 듯하다.

> 한문학에 이어 1921년에 조천 공립 소학교를 입학, 수학하여, 4년 만인 1924년 말에 수료하였습니다.[44]

중국으로 유학을 간 동기는 확실한 사유를 확인할 수 없지만 유족 측의 증언에 의하면 당시 제주도 내에는 농림중학교가 있었다고 한다. 문중 어른들과 동네 어른들이 공부를 잘했던 어린 임도현을 외국으로 유학 보내라고 권했던 것 같다.

> 남다르게 총명하고 비상한 아이라 문중에서 외국 유학을 권장하여 1925년부터 1927년까지 중국 만주 봉천 신민 소만중학교에 입학하여 수학하고 2년 만에 수료하였습니다.[45]

친척 고 임도정 씨의 증언에 의하면 어린 임도현은 중국 봉천 소만 중학교를 1925년부터 1927년까지 2년 만에 수료하고 선진문물을 배우기 위해 일본으로 유학하였다. 같은 임도현 비행사의 친척 고 임남호(任南鎬)[46] 씨에 의하면 어린 임도현은 봉천에서 중학교를 다니면서 18기 무도관을 다니며 무술을 연마하였다고 한다. 그는 또한 임도현 비행사의 호(號)에 대한 증언을 해 주었는데, 임도현 이름 앞에는

---

44) 임도현 비행사 자필 이력서 中에서. 壹千九百二十一年 朝天 公立小學校에 入學하야 修學하얏십니다. 壹千九百二十四年 此의 母校을 修學의 修了하얏십니다.

45) 임도현 비행사 자필 이력서 中에서. 壹千九百二十五年 滿洲 奉天 新民 蘇滿中에 入學하야 修學하얏십니다. 壹千九百二十七年 此의 母校을 修學의 修了하얏십니다.

46) 1923년생, 1985년 사망. 제주 와흘.

항상 '요망진 아이', '악바리'라는 수식어가 따라붙었다고 한다. 제주
의 단단한 돌멩이처럼 약자를 지켜 주었다고 해서 사람들이 그를 '방
석(傍石)'이라고 불렀다고 하였다.

임도현 비행사가 중국에서 중학교 과정을 마치고 1927년 일본으로
유학하러 가는 시기, 1920년대 당시 우리 항공 선각자들의 발자취를
좀 더 살펴보는 것이 필요할 것 같다.

---

47) 임도현 비행사 자필 이력서 中에서.

미국교포들이 세운 윌로스
비행학교, 한인비행가양성소

　임도현 비행사가 나이 10살 전후로 제주도에서 한문서당을 다닐 때 미국에서는 교포들이 힘을 모아, 노백린을 대장으로 김종림의 농장에 비행학교를 세우려는 계획을 추진하고 한장호 등 6인은 레드우드 비행학교에서 위탁교육을 받고 있었다. 노백린 장군은 대한제국군 출신으로서 국내 독립운동단체인 신민회에서 활동하다가 일본이 신민회를 와해시키기 위해 '총독암살'이라는 있지도 않은 일을 조작하여 만든 일명 '105인사건'으로 체포되어 형을 살고 나와 미국으로 망명한다. 노백린은 무장독립운동가인 박용만 계열로 미국에서 무장독립운동의 일환으로 비행학교를 세우는 데 교포들과 함께 협력한다.

　중국에서는 서왈보, 최용덕, 이영무, 김공집, 장성철, 김진일 등이 중국 등지의 비행학교에서 비행술을 배우고 있었다. 일본에서는 안창남 등이 비행학교에서 비행술을 배우고 있었다.

　1919년 삼일운동이 실패로 끝나고 임시정부의 연통제가 1919년 말 일본에 탄로가 나 타격을 받고 중단되고 말았다. 국내의 조직은 와해

되고 압록강 근처 안동에서 무역회사 이륭양행을 운영하며 독립군의 다리 역할을 해 주었던 아일랜드인 George L. Show도 일경에 체포되면서 연통제가 붕괴된다. 1920년 1월 19일 안창호가 선전위원장으로 선임되면서 선전기관 조직 업무에 다시 착수하였다. 집요한 그의 노력은 그가 쓴 일기에 잘 나타나고 있다. 독립운동단체 간의 연락, 국민들의 독립운동, 항일투쟁의 고취 등 더욱 효과적인 선전활동을 위해 연통제의 대안으로서 비행기로 눈을 돌린다.

> 비행기를 수입할 방법인 바 그의 얘기가, 구미에 가서 신문 잡지 등의 일을 하고 구미에서 한국에 대한 정형탐사도 가급적 시해하겠다 하고… 미국인 혹은 톨트와 페페 삼인을 소개하고 비행기 수입은 러시아국과 교섭하라고 답하다(민국 2년 1월 4일).

> 황진남 군과 더불어 비행대장 미국인을 그의 사무실에서 만나 비행기 구입과 기수 고용 문제를 말하자 비행기 구입은 매우 곤란하나 진력하겠다고 하다(1월 16일).

> 황 군이 찾아와 비행기 대장을 방문한즉 그의 말이 필리핀 마닐라에 전보하여 비행기를 살 수 있는지 여부를 알아보겠다고 하며 기수는 러시아인 중에서 구할 수 있다고 하다(1월 20일).

> 윤 군에게 비행기 구입 경비를 속히 준비하라고 하다(1월 22일).

> 마닐라에서 답전이 왔는데 수상용 비행기와 육상용 비행기를 구입할 수 있다고 하다(1월 24일).

> 황 군으로 하여금 장거리 항공기 유무를 알아보게 할 것… 10만 원 금액은 장차 준비할 만한 희망이 있다 함… 또 20만 원 사용하라는 비밀 내용을 말하여 이는 비행기를 사용하여 국내 인심을 격발하고 장래 국내의 대폭발을 일으키기 위함이라고(2월 17일).

> 김홍서 군더러 중국 정부 법무총장에게 광동에 있는 광동비행학교에 한국학생을 파견하여 유학 가능 여부를 알아보게 했더니 그는 즉시 알아본 후 와서 법

이상은 도산 안창호의 1920년 초 비행기를 구입하려는 내용의 일
기 내용이다. 비행기 구입이 어렵게 되자 도산 안창호는 중국 내 비
행학교[48]에 한국 청년들을 위탁 교육시키는 방법을 택한다. 일 년 전
삼일운동의 실패를 교훈 삼아 보다 조직적인 독립운동을 전개하기
위해 도산이 비행기에 눈을 돌린 것이 인상적이다. 미주에서 노백린
지휘하에 비행학교를 설립하는 노력과 중국 상해에서 안창호가 조직
적인 독립운동을 위해 비행기 구입을 위해 노력하고 있던 것은 동시
다발적으로 이루어진 것이다. 그런데 한국항공우주학회에서 1987년
에 펴낸 『한국항공우주과학기술사』에서는 미주에서의 움직임을 이
렇게 서술하고 있다.

이때 뉴욕대학에 재학하며 안창호가 이끌던 대한인국민회 중앙총회 총무인 황
해도 해주 출신의 곽임대는 학업을 중단하고 시카고로 달려가 노백린을 만났
다. 당시 노백린은 상해임시정부의 초대 국무총장(지금의 국방장관)에 선임되
어 상해로 떠날 준비를 하고 있었다. 대한제국 무관학교 출신인 노백린은 곽임
대의 권유를 받아들여 사관 양성의 책임은 노백린이 지고 자금은 곽임대가 맡
기로 하고 행동을 개시, 1920년 1월에 미국 캘리포니아 북쪽 윌로스에 사관양
성을 위한 군단을 조직했다.[49]

그리고 적은 인원수로 효과적인 독립운동을 전개하는 데 비행기
운영만 한 것이 없다고 판단하여 비행학교를 세우고 비행사를 양성

---

48) 1920년대 중국 내의 비행학교는 광주에 광동비행학교, 북경에 보정비행학교와 남원비행학교, 곤명에
    운남비행학교가 있었다.

49) 23쪽.

할 계획을 추진한다. 그리고 1920년 5월 이 사실을 상해 임시정부에
통보한다.

한편 1920년 5월 상해의 임시정부는 미국에서 비행사를 양성하고 있다는 노백
린의 통보를 받고, 이에 입각해 임정의 시정방침을 바꾸었다. 대적(일본에의 항쟁)
문제에 있어 비행기로 국내 각지를 돌며 정부(임시정부)의 명령을 시달해 항일
항쟁사상을 고취시키는 동시, 가능한 한 미국에서 선발된 비행사들로 비행대를
조직하고 비행기 제조와 비행전술을 습득시키는 문제도 아울러 의결했다.

그러나 미주의 윌로스 한인비행학교는 1921년 10월 풍수해를 맞아
김종림의 농장은 대타격을 받았고 11월에는 비행훈련이 중단되고 15
명의 비행학교 학생들은 해산되었다고 이 책은 설명하고 있다. 그러
나 이러한 기술은 미주의 ≪신한민보≫ 보도기사와 상이하다. "1921
년 10월, 수확 10여 일을 앞두고 미국 일대를 덮친 큰 풍수해로 말미
암아 1년에 15만 섬을 수확하던 김종림의 농작물은 거의 전멸하다시
피 되었다"[50]에서 '1921년 10월'은 '1920년 10월'의 오기(誤記)로 보인다.
윌로스 비행학교의 창설시도부터 폐교될 때까지의 ≪신한민보≫의
기사를 일괄해서 보고 넘어가자.

1920년 2월 초 노백린은 한인비행학교의 교육의 질을 높이기 위한 일환으로
미국비행학교의 실상을 파악하기 위하여 레드우드 비행학교를 방문, 견학한다.
그리고 미국인 비행교관을 초빙하기로 한다(≪신한민보≫, 1920.2.5).

1920년 2월 20일 전보를 받은 내용에 의하면 마침내 한인비행학교가 설립되었
다. 비행학교 이름은 대한인비행가양성소이다. 캘리포니아 주 윌로스 지방에서
수천 에이커에 벼농사하는 한인 개산가들은 윌로스 근처에 한인비행학교를 설
립하기로 결정하였으며 그들은 샌프란시스코 서양비행가를 고용하여 비행술과

---

50) 김석환, 「과학화활동과 한국항공의 여명기」, 한국항공우주학회, 『한국항공우주과학기술사』, 1987. 24쪽.

영어, 조련과 체육, 공민교육을 교수할 것이고 이미 근처에 있는 플란트 학교를 임시로 쓰기 위해 그 지방 학무감독에 청원하였다. 노백린 장군은 그 교육을 할 것이고 중앙총회 전무 김종림 씨가 그 숙사와 설비에 진력하는 중 비행실습은 그 설비가 다 맞추는 대로 시작하겠다더라(≪신한민보≫, 1920.2.24).

1920년 3월 초 북가주구역 경축회례식거행에 대한 공포를 하다. 대한독립선언 제2년 경축회(삼일절 기념행사) 거리행렬 등 거대하게 열었다. 비행기는 하루 전에 와서 행렬에 특색을 더하려 했지만 비가 와서 못 하였다. 거리행렬의 진행순서는 다음과 같았다. 마상 지도자, 군악대, 태극기와 미국기, 독립문과 자유종, 군무총장과 중앙총회장이 탄 자동차(군무총장은 차를 타지 않고 도보를 원해 차를 타지 않음), 군무총장과 무장한 사관학생대, 중앙총회 임원이 탄 자동차, 북미총회 임원이 탄 자동차, 한복 입은 네 부인이 태극기를 어거한 부인 국기대, 하와이 대표 자동차, 멕시코 대표, 적십자단, 뉴욕대표 차, 시카고 대표 차, 군악대, 유년대 차, 대한혼을 대표한 자유여신, 각 지방 대표차, 도보행렬 등이 이어졌다(≪신한민보≫, 1920.3.6).

비행기 학생의 섭섭한 것이라… 비행술을 연습하는 우리 학생 제씨는 이날 따 뉴바 대행렬에 참여하기를 얼마 전부터 준비하였다가 푸르스노까지 와서 비에 막혀 필경 참여치 못하였는데… 비행사 체노리 뿌라얀트에게 국민회 명의로 은잔을 주어 그 섭섭한 정을 임하였더라(≪신한민보≫, 1920.3.12).

1920년 5월 윌로스 비행학교 학생들 30여 명이 자비로 훈련을 받고 있다(≪신한민보≫, 1920.5).

이 시기 중국 상해 임시정부에 미주에서 비행학교를 세우고 있음을 알린 것 같다. 상해 임시정부의 도산이 동년 1월과 2월에 걸쳐 비행기를 구입하려는 노력이 실패한 상태였기에 한껏 고무되었을 것으로 보인다. 하지만 도산이 비행기를 구입하기로 한 것은 주로 중국 내 독립단체 간의 원활하고 시급한 연락망 구축을 위한 것이었으므로 미주에서의 비행학교 설립은 다소 심리적 거리감도 느꼈을 것이다. 하지만 장기적으로는 중국 내에서도 비행학교를 세운다거나 독립

군 비행대를 설립할 꿈을 간직한 채 한국청년들을 중국 내 비행학교
에 위탁 교육시키며 장기적으로 독립군 비행사들을 양성하게 된다.
계속 ≪신한민보≫의 신문기사를 보자.

> 1920년 6월 비행학교에 이제야 비행기 두 척이 오기로 결정되었고 백인 교관
> 도 오기로 하였다. 먼저 첫 비행기가 도입되었다(≪신한민보≫, 1920.6.22).

> 1920년 6월 비행가 졸업생 또 세 분이 계속하여 또 온다. 레드우드 비행학교를
> 졸업한 한 장호, 이용근, 장병훈 세 명이 6월 17일에 비행학교를 졸업하여 윌
> 로스 비행학교에 합류한다(≪신한민보≫, 1920.6.22).

> 1920년 6월 두 번째 비행기가 도착하였다(≪신한민보≫, 1920.6.24).

> 1920년 7월 한인비행가학교의 확장, 한국비행기 4척, 이미 비행술을 배운 몇
> 분과 다수의 학생들이 합동하여 오랫동안 경영하던 비행술 연습할 일을 실행하
> 는데 미국인 교관 한 명을 초대하고 비행기 4대를 구비하며 일체의 학교 설비
> 는 김종림이 재정과 성의로 준비 중에 있다(≪신한민보≫, 1920.7.2).

> 1920년 7월 비행학교가 조직과 비행기, 장비 등 구색을 갖추고 정식 개소하다
> (≪신한민보≫, 1920.7.15).

> 1920년 7월 비행가구락부 창설, 비행기 추가로 한 대 더 구비하다(≪신한민보≫,
> 1920.7.28).

> 1920년 8월 비로소 비행가양성소의 성립을 보다(≪신한민보≫, 1920.8.5).

> 1920년 8월 노백린 상해로 떠나고 곽임대가 그 자리를 맡음(≪신한민보≫,
> 1920.8.12).

1920년 10월 윌로스 비행학교가 ≪신한민보≫에 광고를 싣기 시작한
다. 윌로스 비행학교에 뭔가 심상치 않은 조짐이 보이기 시작한 것이다.

1920년 11월 대홍수가 나다(≪신한민보≫, 1920.11).

대홍수가 난 이후에도 신한민보에 비행학교 관련 광고를 계속 싣는다. 1920년 11월 4일, 동월 11일, 25일 그리고 12월 2일, 동월 9일, 16일 등 두 달간 총 8차례에서 "비행사양성소에 관한 일절 통신은 아래와 같은 번으로 하시오. 대한인비행가양성소(총재 김종림, 재무 이재수, 신광호)"라고 광고를 내는데, 이것은 학교 측이 위기를 맞은 내부사정을 외부에 알리지 않으려는 의도가 엿보인다.

1921년 1월 윌로스 비행학교에서 대홍수로 사실상 비행훈련이 불가능한 상태에서 박희성 등 비행학교 학생들이 미국비행학교로 전학하여 비행수업을 계속하다(≪신한민보≫, 1921.1).

1921년 4월 비행학교 폐교(≪신한민보≫, 1921.4).

1921년 5월에 「비행학생 도웁시다」라는 제목으로 기사를 내 김종림이 국민총회에 탄원을 하였다. 그 내용은 박희성이 졸업비행 중(새크라멘토 사립 비행학교) 추락하여 파괴된 백인 비행기 값을 삼분의 일이라도 돈을 모아 갚아 주자는 것과 둘째, 폐교된 비행학교를 재건하는 데 도움을 청하고 있지만 뜻대로 되지 않은 것으로 보인다.[51]

비행학교 설립준비에서 폐교될 때까지의 과정을 보면 1920년 내에 모든 사건이 벌어지고 1921년에는 수습단계에서 재기를 위한 노력으로 이어지는 것으로 보인다. 하지만 그 이후 조직적인 비행학교 설립이나 비행대 창설은 가시화되지 못하게 되었다.

---

51) ≪신한민보≫, 1921.5.5.

중국 내의 사정도 별반 다를 바 없었다. 1920년대 임시정부 중심으로 비행기를 구입하거나 비행학교나 비행대 설립의 원대한 꿈은 결코 이루어지지 않았다. 그러나 1930년대 김구에 의해 또다시 시도가 있었고 1940년대에는 광복군에 항공설계위원회 등을 만들어 광복군 비행대 창설 시도가 또다시 있었으나 급작스런 일본의 패망으로 광복군 비행대 창설은 무산되었다.

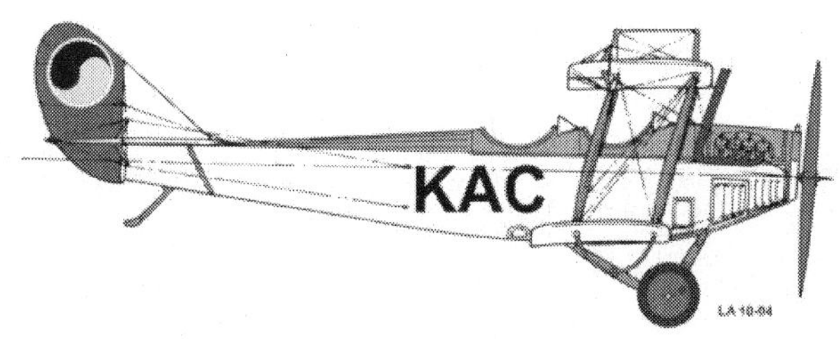

미국 레드우드 비행학교가 소개한 1920년대 Willows Glenn 카운티 지역에 한인들이 세운 비행학교에서 운영하던 비행기종

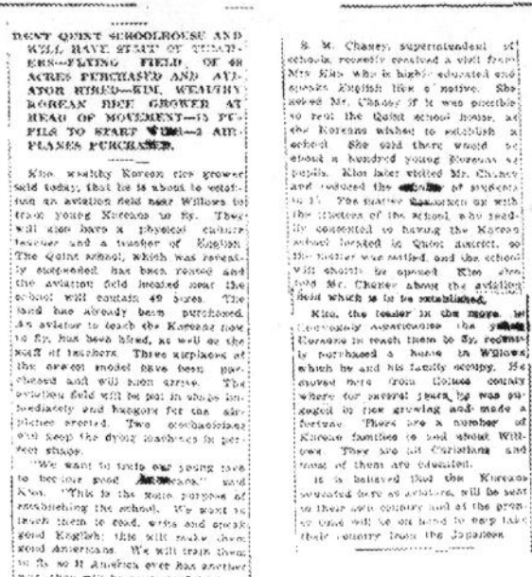

"비행장을 갖게 된 한국인들"이라는 제하의 Willows Daily Journal 신문기사 (1920년 2월 19일)

안창남의 비행학교
설립시도

　1926년 안창남 비행사가 일본에서의 항공활동을 접고 독립운동을 위해 중국으로 망명하여 염석산 휘하의 항공대에서 활동하게 된다. 그는 1900년생으로 1920년 일본 동경에 있는 오쿠리 비행학교를 졸업, 1921년 일본 항공국에서 실시한 비행면허시험에서 수석 합격을 하였다. 이어서 1921년 일본 지바에서 열린 민간항공대회에서 2등으로 입선하여 무시험으로 1등비행사 자격증을 취득하였다.

　그는 휘문고보를 다니다 중퇴하고 18세의 나이로 일본으로 건너가 자동차학교를 다녀 운전면허를 딴 후 일시 귀국한다. 택시기사로 일 년간 일을 하고 다시 일본으로 되돌아가 오쿠리 비행학교에 입학하였다. 그는 1922년 12월 10일 서울에서 복엽기 금강호로 비행시범대회에 참가하였다. 그는 서울 상공에서 1회 돈 다음 15분에 걸쳐 고등비행을 선보였다. 한국인에 의해 한국 상공을 최초로 난 비행사로 기록된다. 그는 당시의 비행 감회를 이렇게 토로하였다.

경성의 하늘! 경성의 하늘!
내가 어떻게 몹시 그리워했는지 모르는 경성의 하늘!
이 하늘에 내 몸을 날릴 때 내 몸은 그저 심한 감격에 떨릴 뿐이었습니다.
경성이 아무리 작은 시가라 합시다.
아무리 보잘 것 없는 도시라 합시다.

그러나 내 고국의 서울이 아닙니까. 우리의 도시가 아닙니까.
장차 크게 넓게 할 수 있는 우리의 도시, 또 그리할 사람이 움직이고
자라고 있는 이 경성 그 하늘에 비행기가 나르기는 결코 1, 2차가 아니었을 것
이나 그 비행은 우리에게 대한 어떤 의미로의 모욕, 아니면 어떤 자는 일종 위
협의 의미까지를 띤 것이었습니다.

그랬더니 이번에 잘하나 못하나 우리끼리가 기뻐하고 우리끼리가 반가워하는
중에 우리끼리의 한 몸으로 내가 날을 수 있게 된 것을 나는 더할 수 없이 유
쾌히 생각하였습니다.[52]

그는 비행 중에 상공에서 과학에 힘쓰자는 선전문 일만 장을 뿌리
기도 하였다. 당시 언론에서 안창남 비행사의 방문비행이 과학운동을
촉진함을 기대한다고 역설하였다.[53]

…오히려 서학 연구의 범위에도… 경국제세의 학문이라 하면 필히 정치, 법률
의 학과만 한한 것 같이 오인하여 전 세계 이상 양개 정법과에만 일시 풍조를
하였던 것이니, 물질 과학 방면은 비경에 처하였던 것이 아니었던가….[54]

사설 말미에는 과학운동을 하자는 주장[55]을 한다. 안창남의 모국
방문비행으로 한국인들의 위상이 세계 속에서 얼마나 비참한가를 역

---

52) 안창남, 「공중에서 본 경성과 인천」, 『개벽』, 1923년 1월호.

53) ≪동아일보≫ 사설, 1922.12.10.

54) 上同.

55) 김석환, 「과학화활동과 한국항공의 여명기」, 『한국항공우주학회, 한국항공우주과학기술사』, 1987.
9~11쪽, 20쪽.

설적으로 확인시켜 주었다. 안창남은 일본으로 돌아가 비행학교 교관으로 지내면서 비행기로 몇 차례 만주를 다녀오기도 하였다. 그는 나라를 일본에 빼앗긴 현실을 괴로워하다가 상해로 망명, 임시정부의 소개로 중국 국민 혁명군 염석산 장군 막료가 되어 산서성 태원에 신설한 비행학교 교관으로 약 2년간 활동하였다.

그러나 1930년 4월 10일 태원 상공에서 비행하던 중 홍진이 심하여 시계가 불량해지자 비행장으로 귀환하던 중 산 중턱에 충돌하여 사망한다.

고 최용덕 비행사는 안창남에 대한 기억을 이렇게 더듬었다.

…1926년 안창남 비행사가 웅지를 품고 일본에서 중국으로 건너왔다. 그의 이름은 삼척동자라도 잘 알 만큼 한국이 낳은 우수한 비행사였었다. 그가 일본에서 수업 중에 받은 모든 고난은 한민족이면 누구나 다 잘 알고 있는 것이므로… 그가 중국 산서성 염석산의 초빙을 받고 공군사관학교를 설립하야 중국항공발전에 큰 공적을 세우는 한편 조국독립사업에 눈부신 활약을 하다가 1930년 4월 비행기 사고로 중국 태원에서 31세의 일기로 불귀의 객이 되어버렸다. 안창남 비행사의 상실은 우리 한민족의 크나 큰 손실이었을 뿐만 아니라 중국항공계에서도 큰 충격을 주었었다. 염석산은 그의 순직의 비보를 듣고 극히 애석했으며 그의 장례식은 국장에 미치지 않을 만큼 장대하였다는 것이다…56)

이 글에서 "조국 독립사업에 눈부신 활약을 하다가"라는 내용이 있는데 그중 안창남 비행사가 도모했던 것 중의 하나가 독립군 비행학교의 설립 추진이었다.

그 후 김정련은 중국 산서성(山西省)에서 최양옥·신덕영·안창남(安昌男) 등과 더불어 항일결사 공명단(共鳴團)을 조직하고 부단장에 선임되어 활동하던 중 일

---

56) 최용덕, 「중국에서 활약하던 우리의 조인들」, 1951, 공군본부 정훈공보실.

제 밀정에 피체되어 천진감옥에서 2년 6월간 옥고를 치렀다. 1927년 출옥한 그는 공명단원들과 함께 독립군 비행사를 양성할 목적으로 북만주에 비행학교를 설립할 계획을 세웠다. 이에 필요한 기금모집과 연락을 위해 공명단 지부를 조직하기로 하고 1929년 4월 최양목·이선구(李善九) 등과 함께 국내로 잠입하였다.[57]

공명단(共鳴團)은 각기 다른 이념과 인물에 의해 분파된 독립운동 단체를 통합하려는 하나의 시도로 볼 수 있다. 이 단체는 김정련과 최양옥, 신덕영, 안창남 등이 주축을 이루었다. 신덕영[58]은 독립군 군자금 모집활동을, 최양옥[59]은 역시 공명단을 만들고 공명단의 지부를 국내에도 설치하려고 하였다. 그 역시 이들과 함께 북만주 산서성 태원에 독립군 비행학교를 세워 독립군 비행사를 양성하려는 원대한 꿈을 가지고 있었다. 다시 임도현 비행사의 그 다음 행적을 살펴보자.

---

57) 국가 보훈처 독립운동 공훈록. 김정련 편.
58) 국가 보훈처 독립운동 공훈록. 신덕영 편.
59) 국가 보훈처 독립운동 공훈록. 최양옥 편.

임도현, 일본으로 유학가다

임도현 비행사가 중국에서 중학교를 마치고 일본으로 간 때가 1927년, 19살 나이다. 그가 왜 중국에 머물면서 가령 독립운동의 길을 가지 않았을까 하는 궁금증도 생긴다. 나라는 이미 일제 식민지로 점차 고착 심화되어 가던 시기다. 친척들의 증언에 의하면 그는 일본에서 선진문물을 배우겠다는 생각이 독립운동보다 앞선 듯하다.

궁금한 것은 비행학교에 들어가기 전까지의 행적인데, 1927년부터 1931년 사이에 강산현사범학교, 경응의숙, 외국어학교 등 3개 대학을 옮겨 다니며 수학을 하였다. 이 대목은 증언과 자필 이력에만 의존하는 것이라 임도현 비행사가 다녔던 학교의 학적부 등을 검토하면 확실하게 규명될 것으로 보인다.

그가 비행훈련 중 도항한 사건이 적시되어 있는 1936년의 판결문에 나와 있듯이 1927년 일본으로 유학 간 사실이 기재된 것을 보면 이 시기, 공부를 위해 일본에 간 것만은 확실하다. 증언과 자필 이력서에 의하면 일본 강산현 사범학교는 1927년부터 1929년까지, 일본

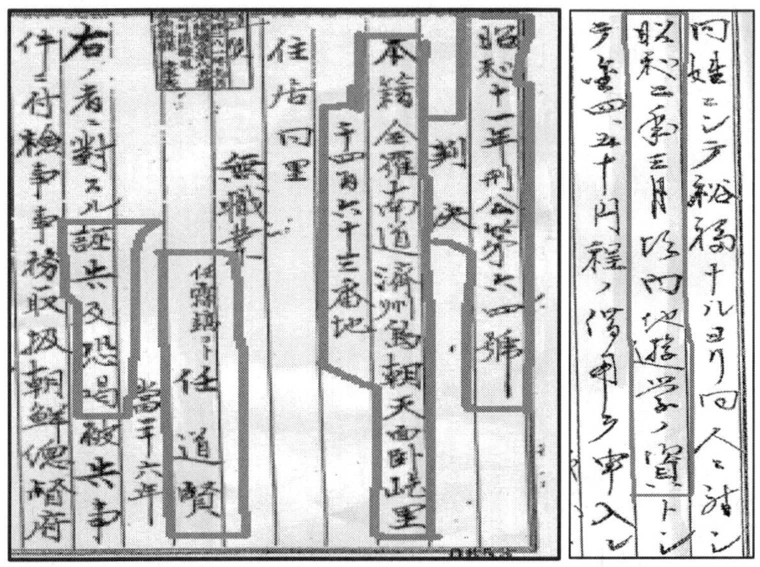

1927년 동경으로 유학길에 올랐음을 보여 주는 판결문 자료. 판결문 앞부분에 "1927년 일본으로 유학자금"이라는 글이 있다.

외국어학교는 1929년부터 1930년까지, 일본 동경에 있는 경응의숙 예과는 1930년부터 1931년까지 다닌 것으로 알려져 있다.

이 시기의 행적에서 언제부터 비행기에 대한 동경이 있었는지, 비행사가 되겠다는 영감을 언제 어떻게 받았는지는 확실하지 않다. 다만 유족들의 증언에 의하면 임도현 비행사가 중국에서 중학교를 다니면서 일본 비행기들을 다수 목격했다고 한다. 이 부분은 다음 장에서 좀 더 깊이 있게 언급하겠다.

친척 고 임도정 씨의 증언에 의하면 "임도현은 대학 졸업장에 연연하지 않고 꼭 필요한 과만 수료하였다"고 한다. 증언에 의하면 "그는 어느 대학을 졸업했다는 간판은 중요하지 않았다. 실용적으로 필요로 하는 과목의 목표 달성을 하면 그 과에 한하여 '수료'를 하였으며 단

시간에 여러 대학과정을 거칠 수 있다고 말한 바 있다"고 했다. 임도현 비행사는 젊은 나이에 세계를 무대로 하여 독립운동을 하기 위해서는 여러 나라 언어를 유창하게 할 줄 알아야 한다고 하여 외국어학교 입학 전부터 이미 익힌 중국어와 일본어를 기초로 하여 영어, 독일어, 러시아어 순으로 익혔다는 증언도 있었다.

1927년 일본 강산현 사범학교에 입학, 수학하여 1929년에 수료하였습니다.[60]

외국어 학교에 입학하고, 1930년의 모교를 수료하였습니다.[61]

1930년 일본 경응의숙 예과에 입학, 수학하여 1931년에 수료하였습니다.[62]

고 임도정 씨의 증언에 의하면 임도현 비행사가 중국에서 일본으로 건너갈 때 고향에서는 가장 좋은 밭 한 개를 팔아 그 돈을 가지고 갔다고 한다. 그러나 위에서 보듯 여러 학교를 다니기 위해서는 크게 부족한 돈이었다. 결국 목수 일을 하던 임도현 비행사의 아버지가 일본으로 건너와 일을 하며 그를 지원하였다. 맏아들에게 모든 것을 걸었던 터라 임도현 비행사의 형제들은 공부를 제대로 못 하고 문맹자들이 되고 말았다. 임도현 비행사 입장에서는 자신의 어두운 그림자일 수밖에 없었을 것이다.

거기에다 그의 아버지가 일본에 온 지 일 년 정도 지났을 즈음에

---

60) 임도현 비행사 자필 이력서 中에서. 壹千九百二十七年 日本岡山縣 師範學校에 入學하얏십니다. 壹千九百二十九年 此의 母校를 修學의 修了하얏십니다.

61) 임도현 비행사 자필 이력서 中에서. 本( )部( )(四)( )外國語學校에 入學하얏십니다. 壹千九百三十( )年 此의 母校를 修學의 修了하얏십니다.

62) 임도현 비행사 자필 이력서 中에서. 壹千九百三十年 日本東京(定)區三田町慶應義塾(지금의 慶應大學) 豫科에入學하야 修了하얏십니다. 壹千九百三十一年比의 母校를 修學하얏십니다.

공사 중인 건물 3층에서 떨어져 다리가 부러지는 사고가 있었다. 이 사고로 아버지는 고향으로 가야 했다. 그는 부상당한 아버지를 모시고 '보목환'이라는 제주도행 연락선에 몸을 실었다. 배가 북제주 조천 연북정 포구에 닿자 동생에게 아버지를 모시고 가도록 하고 그는 그대로 그 배에 탄 채 일본으로 되돌아갔다.

그의 아버지는 4대 독자라고 했다. 아들 임도현의 학업을 지원해 주고 싶은 마음도 있었겠지만 아들의 혼사가 더 크게 느껴졌을 것이다. 이런저런 걱정으로 유학을 간 아들 곁에서 일을 하며 지내는 아버지의 마음이 그리 편치는 않았을 법하다. 혼사시기를 놓고 아버지와 아들 사이에 갈등도 있었다고 했다. 아버지는 당장 결혼을 하자는 쪽이었고 아들은 학업을 모두 마친 다음에 결혼을 하겠다는 쪽이었다. 아버지의 뜻을 거역하는 것에 대한 송구함도 있었지만 그의 마음을 더 힘들게 한 것은 아버지를 부려 먹는다는 죄책감이었을 것이다.

지금도 제주도민들이 유교적 가치를 중시한다고 하지만 그 당시 선비 집안의 아버지와 아들이 겪었을 혼란은 컸을 것으로 보인다. 그 혼란은 젊은 아들이 품었던 어떤 '큰 뜻' 때문에 비롯된 것들이라고 해석할 수 있겠다. 부친의 다리가 부러지는 사고는 임도현 비행사와 그의 아버지의 어두운 앞날의 암시와도 같은 사건으로 볼 수 있다.

임도현 비행사의 삶 전체를 음미하다 보면 '참으로 지독하다'라는 표현이 저절로 나오게 된다. 그런데 다친 아버지를 포구에서 동생에게 맡기고 타고 왔던 배로 다시 일본으로 돌아가는 광경에서는 과연 임도현 비행사를 저토록 지독하게 만든 의지랄까, 열정이 과연 어디서 비롯된 것일까 하는 궁금증이 생겨난다.

우리는 임도정 씨의 증언을 계속 들어 보자. 임도현 비행사는 홀로 일본에 남게 되면서 앞길이 막막했을 것이다. 임도현 비행사는 친분이 있던 한 일본인의 양아들이 되기를 부탁하였고 그 일본인이 이를 수락하면서 숙식과 학비가 해결되었다고 한다.

흔한 경우는 아니라고 보이지만 이와 유사한 방식으로 일본인의 도움을 받아 비행사가 된 인물이 하나 또 있긴 하다. 일본에서 일본 활공 신기록을 깬 김광한 비행사이다. 김광한은 1915년생으로 어린 나이에 일본으로 건너가 인쇄 직공 일을 하며 지낸다. 그가 오사카 아사히신문사 항공부 기자의 소개를 받아 일본 항공연구소에서 경영하는 여행사 대표 오와타리를 소개받는다. 김광한은 이 연구소에 정비공으로 취직한다. 이때부터 그는 활공비행을 배우게 된다. 더 나아가 그가 비행사가 되려는 꿈을 갖게 되어서는 비행학교장인 이노우에 초이지 씨를 찾아가 비행학교에서 일하는 대신 비행술을 배울 수 있도록 도움을 청한다. 그의 의지에 감동한 비행학교장은 학비를 전액 면제해 주고 학생으로 받아 준다.

김광한은 활공사 면허증을 1939년에 취득하였고 비행학교를 졸업하고 2등 비행사 면허증도 취득한다. 그는 일본의 활공 신기록도 갈아치웠다. 1941년 1월 26일 새벽에 출발하여 오후 7시 50분에 착륙하여 체공시간 11시간 40분을 기록하여 당시 일본의 최장 시간 10시간 33분 30초를 뛰어넘었다.[63]

다시 임도현 비행사 이야기로 돌아가자. 일본의 선진문물을 배우기 위해 그들에게 고개를 숙이는 것은 결코 쉬운 일이 아니다. 만주 벌판에서 총을 들고 일본군과 맞서서 싸우는 일도 장하지만 적국의

---

63) 이윤식, 『비행기로 민심을 격발하고 장래 국내에 대폭발을 일으키기 위함이라』, 민미디어, 2003. 114~115쪽.

정신과 기술을 알기 위해 호랑이굴로 들어가는 것도 적을 이기기 위한 방법이라고 볼 수 있겠다.

임도현 비행사는 여기에 그치지 않았다. 이제 그는 일본에서 실현하고자 했던 비행사가 되는 꿈에 직면하게 된다. 가진 돈은 없다. 일본인 양아버지도 감당할 수 없는 비행학교 입학이 앞에 놓여 있는 것이다. 고향에서 더 이상 끌어다 쓸 돈도 없다. 그는 비행학교에 들어가기 위해 어떤 선택을 했을까. 이 이야기는 다음 장에서 다루기로 하는데 여기서 또 하나 궁금증이 생긴다. 당시 중국에도 비행학교들이 있었다. 많은 젊은이들이 중국으로 망명하여 그곳에서 비행사가 된다.

김공집, 서왈보, 최용덕, 권기옥, 이영무… 임도현 비행사는 중국에 있는 비행학교를 다닐 생각은 아주 없었던 것일까. 그는 왜 중국에서 비행학교를 다닐 생각은 하지 않았을까. 중국에서도 비행술을 배울 수 있다는 것을 알면서도 굳이 일본비행학교에서 비행술을 배우려고 했던 이유는 무엇일까. 항공기술이 훨씬 발달된 일본에서 비행술을 배우는 것이 훗날을 위해 더 유리하다는 판단을 했던 것일까. 이 부분도 정확한 동기가 기술된 것은 없다. 단지 일본이 당시 선진국이므로 선진문물을 배우겠다는 증언과 자필 이력의 기술뿐이다.

여하튼 임도현 비행사는 일본에서 비행학교를 들어간다. 동경 근교에 있는 다치가와[立川] 비행학교다. 이 학교에서 비행술을 배웠던 이들은 중국으로 망명하여 중국 항공대에서 활약한 전상국과 꿈을 다 이루기도 전에 비행사고로 사망한 박경원 등이 있다. 이 학교는 부잣집 자녀들이나 고관대작의 자녀들만 입학할 수 있는 명문 비행학교였다. 과연 그는 이런 비행학교에 어떻게 입학할 수 있었을까.

임도현, 일본 다치가와[立川]
비행학교에 입교하다

앞에서 우리는 1910년대와 1920년대 우리 한인들의 항공활동을 살펴보았다. 1920년을 전후하여 동시다발적으로 중국, 러시아, 미국, 일본, 국내에서 우리 젊은이들이 항공활동을 했다는 것을 알 수 있었다. 식민지 백성으로 전락한 우리 국민들도 비행기를 모르는 사람이 없게 되었지만 나라는 점점 일본군국주의자들의 병참기지로 변해 가고 있었다. 중국 대륙을 중심으로 전운이 도는 1930년대를 맞이하게 된다.

수년 동안 일본 여러 대학을 전전하며 수학을 했던 임도현 비행사가 1931년 10월 일본 입천(立川) 비행학교 정과(正科)에 입학한다. 그가 비행기에 대한 소문이나 이야기를 중국을 유학하면서, 일본에 머물며 공부를 하면서 충분히 들었을 가능성은 배제할 수 없다. 그러나 그가 일반 대학을 다니다가 항공 쪽으로 입문한 자세한 과정에 대한 자료가 없어 이 점에 대한 언급은 보류할 수밖에 없다.

분명한 것은 그가 비행학교에 입학했다는 사실[64][65]이다. 그러면 그가 많은 학비가 드는 비행학교에 어떻게 입학할 수 있었을까. 임도현 비행사의 자필 이력과 증언에 의하면 정상적인 방법으로는 입학금과 교육비[66]를 도저히 감당할 수 없기 때문에 '천황(일왕)'의 권위를 이용하는 방법을 고안해 냈다는 것이다. 조카 임정범 씨는 "한신 장군의 전법으로 일본 천황을 발판 삼아 일본 최고 명문의 비행학교인 입천 비행학교에 들어갔다"는 말은 고 임남호 씨와 이수성 씨가 증언했다고 한다.

하지만 우리의 입장에서 일본은 '적국'이고 일왕은 '적국의 수장'이다. 이봉창 같은 독립운동가는 일왕을 암살하려다 실패하였다. 일왕은 많은 독립운동가들의 표적일 수밖에 없다. 그러나 암살이 그리 쉬운가. 적의 수괴를 제거하는 방법도 있지만 적 수괴의 권위를 역이용하는 방법도 있을 것이다. 일왕의 권위를 이용하여 장기적으로 독립운동을 할 수 있다면 그것 또한 방편일 수 있다.

어쩌면 이런 해석도 가능하다. 임도현 비행사는 일본에서 이런저런 선진학문을 배웠다고 했다. 그중에 항공이 눈에 들어왔다. 비행기야말로 장차 독립운동에 가장 효과적인 수단일 거라고 생각했을지도 모른다. 이렇게 생각해서 비행학교에 들어가려고 했을 수 있다. 이러한 해석이 가능한 것은 그가 비행훈련 중에 비행기를 몰고 그대로 중국으로 날아간 사실에 입각해서다. 이것을 단정 지어 말하지 않는 것은 이러한 해석을 뒷받침해 줄, '비행학교 입학 동기'에 대한 구체적

---

64) 일본경시청정보 조선인, 대만인 일본비행학교 출신 비행사들에 대한 감시 목록 1199호, 1938년(소화 14년).

65) 도항사건에 대한 일본 법원 판결문 내용: 1931年12月1日～12月30日 間(사이): 昭和六年中 日本(立川)飛行學校 "'操縱科' 入學 − 在學 中(飛行術 修業 中 − 中國으로 脫出)".

66) '다치가와' 일본비행학교는 1922년에 제국도시 도쿄를 방어하기 위해 만든 육군비행 연대 비행장이었다. 극히 제한된 인원만을 엄선하여 입학시켰으므로 처음 들어갈 때 조선 사람은 입학이 불리할 뿐만 아니라 많은 학비가 들어가는 학교였다(任南鎬, 1923생, 1985亡, 제주 와흘).

자료가 없기 때문이다.

임도현 비행사는 일왕이 사는 궁 앞으로 가서 일왕을 만나게 해 달
라고 했다.[67] 몇 차례 거절당한 뒤 '접견'을 허락받고[68] 그는 비행학
교 입학을 허락받는다. 일왕과의 대면 과정이나 내용도 구체적인 자
료는 없다.[69]

앞에서 소개했듯이 일본 활공 신기록 보유자 김광한 비행사도 비
행학교에 들어가기 위해 비행학교장을 직접 대면하여 특별 입학을
허가받은 사례가 있다. 일본 입장에서도 식민지 백성에게 특별히 베
푸는 '호의'가 일왕의 권위도 높여 주고 식민지 백성을 다루는 데 좋
은 수단이라고 생각했을 수도 있다. 더군다나 조선 식민지 백성 중엔
일본군에 비행기를 하사한 경우도 있으니 그 정도 배려는 아무것도
아닐 수 있다. 1932년에 일본 제국비행협회에서 발행한 일본항공연감
『koku nenkan』 439쪽에는 '조선유지헌납(朝鮮有志獻納)'기인 애국제10
호기의 사진이 실려 있다.

어쨌든 '특별히' 일왕의 추천을 받아 입학이 허가된 그는 1931년

---

67) 임도현이 항일의 제1 목표인 항공기 조종술을 익히기 위해 다치가와 비행학교에 입성하는 것은 쉬
   운 일이 아니었다. 조선인이라는 것과 한 시간 이수에 쌀 24가마라는 엄청난 돈이 소요되었기 때
   문이었다. 임도현은 어차피 건너야 할 강이라면 일본천황을 만나는 모험을 하는 길밖에 보이지 않
   았으므로 대담하게 일본 천황관저의 문을 두드리게 된다(李洙杲, 82세, 제주 와흘).

68) 임도현은 평소에도 항상 자신의 능력을 신뢰하고 있었고 자신감이 차 있었다. 더욱이 일본사람들
   에 대해서는 지위 막론하고 우습게 여기는 담대한 기개(氣槪)를 갖고 있었다. 항일이라는 대업을
   이루기 위해서는 최고의 우두머리를 상종해야 한다는 것은 철칙이었다. 그러나 일본 천황궁 입구
   에서부터 난관에 봉착하게 되는 고비를 맞는다. 관저를 지키는 입초가 못 들어가게 하자 밥도 먹
   지 않고 끈질기게 궁 입구에서 한 발짝도 꿈적하지 않고 계속 초병과 대치하고 있었다. 3일째 되
   는 날 때마침 황실의 직책 있는 사람이 입궁하다 목격하게 된다. 입초에게 물어보고 나서 그 사람
   에 의해 3일 만에 어렵게 천황을 접견하게 된다(李洙杲, 82세, 제주 와흘).

69) 일본 천황을 대면하는 자리에서 다치가와 비행학교에 무상으로 입학·졸업시켜 준다면 일본을 위
   해 일조한다는 거짓 조건부로 평소 다듬어 놓은 언변술을 총동원하여 '說'한다. 그 자리에서 이미
   수료한 임도현의 '대학' 성적을 포함, 다방면에서 범상치 않은 인물임을 확인하고는 드디어 천황
   의 허락을 받아 낸다. 고대하였던 다치가와 비행학교 입학에 성공하여 무상으로 비행교육을 받게
   된다(李洙杲, 82세, 제주 와흘).

10월 2일부터 11월 30일까지 정과(正科)에서 두 달간 비행기초과정을 밟고 동년 12월 초에 조종과(操縱科)에 입학한다.

임정범 씨는 임도현 비행사의 비행학교 입학과 관련하여 "군인 칙유에 따르면 일본군대는 천황의 군대이다. 대원수인 천황이 직접 병력을 통수하는 것으로 규정되어 있고 상관의 명령도 곧 천황의 명령을 받은 것처럼 되어 있다. 따라서 임도현의 비행교육은 명령과도 같은 천황 추천에 의해 무료로 받게 된 것이다"라고 하였다.

임도현 비행사는 일왕의 추천으로 무료로 비행학교에 입학했기에 군과 관련한 전술 비행교육과 병행한 교육을 받았으며, 추후에 일본을 위해서 일조한다는 약속을 하였기에 어떤 어려움도 견뎌 내야만 했을 거라고 임정범 씨는 해석한다.

고(故) 임남호 씨의 증언에 의하면 임도현 비행사는 "동경에서 일반 대학 재학 시에도 동경 외곽지를 다니면서 주요 군사시설 등 요충지를 파악하고 다녔다. 비행술 연습 중에도 하늘에서 일본 열도의 주요 전략 병참기지 등을 살피며 교육에 임했다"고 한다.

이러한 증언으로 보면 비행학교의 입학이 단순히 비행사가 되려는 것이 아니라 철두철미 독립운동을 위해 사전에 계획된 행동수순으로 해석할 수 있겠다. 비행학교에 입교할 때 임도현 비행사 나이가 23살

---

70) 任南鎬, 1923년생, 1985년 亡, 제주 와흘.

의 젊디젊은 나이다. 만약 철두철미 독립운동을 위해 일련의 유학공부와 비행학교를 입학한 것이고 일본 동경 시가지와 일왕이 살고 있는 천황궁 일대의 지역을 공중에서 파악하고 다녔다는 증언 등을 종합해 놓고 보면 임도현 비행사는 정말 원대한 포부를 가지고 거창한 '모종의 독립운동'을 준비했던 게 아닐까. 그리고 앞서 언급했듯이 부상당한 아버지를 포구에 내려놓고(?) 타고 온 배로 다시 일본으로 돌아갈 정도로 지독했던 모습을 보인 것처럼 그의 '큰 뜻'은 바로 '모종의 독립운동'이 아니었나 추정해 본다.

그가 혹 편대를 구성해 훗날 조국을 식민지로 만들어 버린 일본 동경과 천황궁을 폭격하려는 장대한 거사를 꿈꾸고 있었던 것은 아닐까. 하지만 23살의 임도현 비행사의 속내를 정확하게 입증해 주는 자료를 우리는 아직까지 찾지 못하였다. 다만 친척과 주민들의 증언만이 있을 뿐이다. 천황궁 폭격이나 총독부 폭격에 대한 의지는 미국 윌로스 비행학교 출신 김자중 비행사, 그리고 중국 항공대에서 활약한 최용덕과 권기옥의 증언[71]에서도 확인은 할 수 있다.

그런데 그러한 임도현 비행사의 장대한 꿈에 대한 입증 여부를 떠나 분명한 사실은 그가 비행연습 중 그대로 비행기를 몰고 동료 비행학교 학생 대만인들 6명과 함께 4대의 편대를 이루고 중국으로 망명했다는 사실이다. 이러한 일련의 행동이 그런 해석을 일면 가능하게 해 주지는 않을까 조심스럽게 해석해 본다.

---

71) 《서울경제신문》, 1979년 8월 29일.

임도현 비행사의 비행학교 입학 관련 자료 - 비행학교 재학 조선 대만인 조사에 관한 건(선고비 1199호)과 1936년 임도현 비행사 판결문 내용이다. 판결문에서는 "일본 입천비행학교 정과 입학, 졸업 후 조종과 입학 재학 중 비행술 수업 중 1931년 12월 1일~12월 30일 사이에 지나 상해로 도항"했다는 문구가 있다.

비행훈련 중 제주도 상공을 거쳐
중국 상해로 도항(**渡航**)하다

이제 이 책에서 가장 중요한 내용이며 극적인 '도항(渡航)사건'이다. 임도현 비행사의 삶 전반에 걸쳐 반전이 이루어지는 계기가 된다. 이 사건으로 그는 고통스럽고 험난한 길을 걷게 된다. 일본에게는 지극히 위험하면서도 '천황'의 권위에 정면 도발한 적대행위이지만, 식민지 백성에게는 통쾌한 '영웅적 행위'임에 틀림없다.

임도현 비행사가 비행기로 도항한 것은 여러 가지 근거들로 보아 사실인 듯하다. 그런데 비행기로 '도항'한 사실보다 비행기로 도항하기 위한 '사전모의과정'이 더 궁금한 것이 사실이다. 언제부터 어떻게 비행기로 도항할 계획과 준비를 했는가 하는 점이다. 비행학교 들어오기 전부터? 아니면 입학해서 정과에 다닐 때? 아니면 조종과에 들어가자마자? 또 하나 도항에 참여한 비행기는 모두 4대이고[72] 참여자는 대만인·조선인 합하여 7명이다. 이 중 주도자는 누구인가.

---

72) 1931년 당시 제주도 조천면 주민들이 목격한 바에 의하면 서찰이 담긴 포대기를 강하한 임도현 비행사의 비행기까지 포함하여 모두 4대라고 했다.

✈ 도항의 동기는 무엇인가

임정범 씨는 "조종과에 들어가 동료 포섭 후 비행기를 몰고 중국으로 탈출한 최초의 조종사"라고 하지만 동료를 포섭했다는 결정적 증거가 없지 않은가 하는 의문이 생긴다.

> 공부를 잘하는 사람이 싸움까지 잘하면 따르는 자들이 많게 마련이다. 훈련기간 동안 동기생들과 결속을 다져가며 솔선수범하는 모습으로 악조건하의 훈련이라도 거뜬히 해 낼 수 있었다. 목숨을 건 탈출이지만 기꺼이 죽음도 같이하겠다는 동료들에게 믿음을 주었다.[73]

임도현 비행사가 주도했다는 걸 보여 주는 증언이 있긴 하지만 고 임남호 씨는 그러한 사실을 임도현 비행사에게서 직접 들은 건지 아니면 객관적 확인이 가능한 제3의 목격자들의 증언에 의한 것인지는 알 수 없다.

그러나 임정범 씨는, 도항의 계획과 실행을 임도현 비행사가 주도했을 것이라고 주장한다. 그는 1931년 11월 30일 정과를 졸업한 동기생들로만 포섭했다는 것이다. 다시 임남호 씨의 증언을 들어 보자.

> 임도현은 신뢰하는 '正科' 졸업(1931년 11월 30일) 동기생 중, 6인과 의기투합하였다. 은밀히 포섭된 이들 중심으로 "어차피 우리는 전쟁터에 가면 죽을 목숨이다. 세상 구경이나 하고 죽자" 하고는 임도현 자신을 포함 7명의 조종사들로 거사를 위한 규합을 마친다. 무엇보다도 사무라이 정신에 의해서 적에게 '패'한 후 생존해서 왔을 시에 '자진'해야 한다는 일본 군 전투교칙에 의한 교육이 동료들로 하여금 더욱 마음의 동요를 가져와 동참하였다.[74]

---

73) 任南鎬, 1923생, 1985亡, 제주 와흘.

74) 上同.

1938년 일본 경시청 정보 선고비 제1199호 조선인·대만인 비행사 감시 목록에는 탈출에 가담한 정과 출신 6명 중 1명의 명단이 포함되어 있다. 즉 명단에서 보듯 탈출에 성공했지만 상해 근교에서 마적단에게 사살된 대만인 전하정(傳何廷) 비행사를 거론하며 안타까워했다는 것이 증인들의 증언이다.

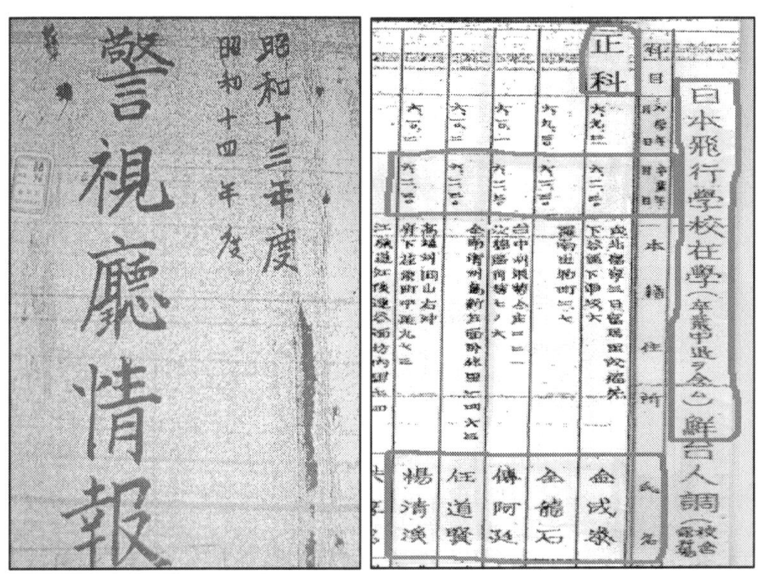

'正科' 졸업(1931.11.30.) 명단에서 포섭동료 6명 중 2명이 포함되어 있다는 증언을 뒷받침하고 있는 경시청 정보 선고비 제1199호 문건. 1931년 11월 30일 정과 졸업자 중 전하정 비행사의 이름이 있는데 이 사람은 함께 탈출한 대만인으로 상해 비상착륙 후 마적단의 총격에 의해 사살되었다고 임도현 비행사가 증언한 바 있다.

증언에 의하면 원래 거사일시를 비행훈련이 충분히 이루어진 다음에 정하기로 하였지만 포섭과정에 정보가 누설될 가능성이 있어 도항 일자를 앞당겼다고 한다.

어떻게 보면 무모한 도박일 수 있다. 동경에서 제주도까지, 그리고
제주도에서 상해까지의 항로의 기후, 바람의 세기와 방향 등을 면밀
히 알아야 하는 장거리 비행이다. 또 일본군 전투기들을 출격시켜 비
행연습 중 탈출한 비행기들에 대해서는 적대행위로 간주, 추격하여
격추할 수도 있는 상황이었다.

기습적으로 감행한 탈출 비행을 위해 사전에 연료탱크에 기름을
충분히 채웠을 것으로 추측된다. 또한 기종에 대한 분석도 끝냈을 것
이다. 기체 내에 하중을 차지하는 불필요한 시설을 제거하고 가능한
한 많은 연료를 채울 준비도 해야 될 것이다. 탈출 인원이 7명이면 2
인승 복엽기 기종을 선택했을 것이다. 과연 비행기 성능으로 중국 상
해까지 비행이 가능하다고 치자.

그런데 사전에 비행기로 탈출하기 위해 일본인들이 눈치 채지 못
하게 사전모의도 해야 될 것이다. 그리고 넉넉한 연료의 확보도 중요
한 것이다. 비행 중 일거에 4대가 일사분란하게 탈출하는 통일된, 비
행사 간 수신호도 미리 약속이 되어야 했을 것이다. 그것뿐인가. 탈출
당일의 기후, 항로, 예상비행항로의 지형 및 기후 등도 충분히 검토하
고 또 검토해야 될 것이다. 이러한 모든 것을 주도면밀하게 과연 계
획하고 추진했다고 볼 수밖에 없다.

하지만 사전 탈출과정을 보여 줄 수 있는 어떤 단서나 자료는 현재

---

75) 고 任南鎬, 1923년생, 1985년 亡, 제주 와흘.

까지 찾아볼 수가 없다. 그런데 1931년 12월 초 그들은 정말 다치가와 비행학교 상공을 떠나 제주도로 날아갔으며, 1931년 12월 초 같은 시기 4대의 비행기들을 제주도민들이 보았고, 거기다 선회하던 비행기 한 대에서 두루마리 서찰이 묶인 보따리가 낙하되었고, 현재도 생존해 있는 신정환 씨라는 제주주민이 그것을 주워 임도현 비행사의 물건임을 확인한 후 그의 부모에게 전달했다고 하지 않았나. 그리고 그 비행기들이 제주도 서쪽 방향으로 점점이 사라졌다고 했다.

우리는 일단 임도현 비행사 일행이 성공적으로 사전모의와 사전준비가 되었다는 전제에서 다음 문제로 넘어갈 수밖에 없다. 앞에서도 언급했듯이 임도현 비행사 일행이 탄 비행기들은 다치가와 비행학교를 떠나 비행학교로 돌아오지 않았다고 볼 수밖에 없다. 그날 다치가와 비행학교에서는 비행기 4대가 사라진 것이다. 일본으로서는 치욕적인 사건일 수밖에 없다. 당연히 철저하게 언론 통제를 했을 것이다.

이 사건이 밖으로 새나가 일본 국민들뿐만 아니라 조선·대만 등 식민지인들이 알지 못하도록 했을 것이다. 그리고 일본 측에서는 이들 비행기의 행방과 비행사들의 행방을 찾기 위해 어떤 노력을 했을까. 그저 다치가와 비행학교 측에서 없던 일로 하고 일본 군경에 행방추적 협조를 요청조차 하지 않은 것일까. 아니면 은밀하게 비행학교와 군경의 추적이 있었을까. 아직까지 이런 궁금증을 풀어 줄 만한 자료를 찾지 못했다.

✈ 1931년 12월 초, 제주도민들이 목격한 비행기의
　정체는 무엇인가

　　그다음 임도현 비행사 일행이 타고 비행한 비행기 기종은 무엇일
까. 1932년도 일본 제국비행협회가 발행한 항공연감에서 소개한 당시
일본이 보유한 비행기 기종은 육군의 경우 88식정찰기, 갑(甲)식4형전
투기, 을(乙)식1형정찰기, 87식경폭격기, 87식중폭격기, 해군의 경우,
수상기로 보국호, 15식수상정찰기, 10식함상전투기, 복엽비행정(원거
리정찰용) 등이 있었다.

　　그리고 헌납된 비행기로는 위의 동종 기종을 제외한 다른 기종들
을 살펴보면 13식함상공격기, 저익식단엽전금속기, 일본 육군 학예기
술 장려기부금으로 마련한 1식환자수송기, 88식2형정찰기, 91식전투
기, 88식2형경폭격기, 92식전투기 등이 있다. 이 중에서 비행학교 조
종과에서 연습용으로 쓰였을 기종은 수송기와 금속제 비행기 등 규
모가 큰 것을 제외한 전투기급 규모가 작은 갑식4형전투기, 91식전투
기, 92식전투기와 2인용 정찰기나 경폭격기로 압축할 수 있다.

　　갑식4형전투기는 복엽기로 1,160천(瓩), 즉 1,160kg, 최대속력 210천
(粁) 즉 시속 210㎞, 순항속력 시속 160㎞, 엔진은 300마력짜리다. 91
식전투기는 단엽기로 450마력에 중량 1,550kg에 속도는 시속 300㎞이
고 탑승인원은 1명이다. 92식전투기도 1인승 복엽기로 450마력에 시
속 300㎞를 낼 수 있다.

　　제주도 주민들이 제주도 상공에서 목격한 비행기는 '날개가 두 개
달린' 것이라 했으니 단엽기인 91식과 92식은 검토 기종에서 제외하
자. 그리고 4대에 7명이면 최소한 세 대는 복식 비행기이어야 한다. 복

식 비행기로는 88식정찰기, 88식2형정찰기, 을식1형정찰기와 87식경
폭격기이다. 어쩌면 우리가 모르는 다른 기종일지도 모르겠다. 다른
기종일지라도 당시 일본이 보유한 비행기들은 대부분 엔진 450마력
내외에 시속 300㎞ 내외의 속력을 낼 수 있다. 구체적으로 임도현 비
행사 일행이 비행한 비행기종은 뒤에서 다시 자세히 언급하기로 한다.

당시의 대기상태, 항공기의 임무, 외부무장, 비행고도 등 여러 가지
상황에 따라 가능한 비행거리는 달라진다. 만약에 이들 기종으로 비
행을 했다고 간주하자. 임도현 비행사 일행이 비행한 거리, 일본 동경
에서 상해까지 공식항로 거리는 약 1,781㎞이다. 시속 200㎞로 비행
했다면 9시간 조금 넘게, 시속 300㎞로 비행을 했다면 약 6시간 조금
넘게 비행을 한 것이다. 즉 6시간에서 9시간에 걸리는 비행이었다. 그
러나 최대 속도로 지속적으로 비행한다는 것은 불가능한 일이다. 그
건 단지 산술적 이론적인 계산일 뿐이다. 연료 소모가 적게 드는 알
맞은 고도와 장거리 직선 비행을 위해 경제속도로 비행했을 것이다.

그러나 초급과정의 비행훈련을 이제 겨우 마친 비행경험이 미천한
이들이 과연 이러한 장거리 비행이 가능할까 하는 의문도 생길 것이
다. 그들의 이 영웅적인 비행은 단순한 젊은이들의 치기 어린 모험일
까 아니면 일본에 대항하기 위한 '적대적인 행위'일까. 둘 다일 수도
있고 후자일 수도 있고 전자일 수도 있다. 어쩌면 비행에 대해 이제
맛을 본 젊은이들이 잘 모르기 때문에 이 비행에 도전했다는 역설도
가능할지도 모른다.

이때 임도현 비행사의 나이는 고작 23살이다. 탈출에 가담한 동료
대만인들도 이십대이거나 많아야 30대 초반일 것이다. 조선인이나 대
만인들은 비록 일본의 선진문물을 배우겠다고 일본에 갔으나 일본인

들에 대한 경쟁의식이나 자존심, 열패감 따위가 없지 않아 있을 것이다. 또한 양국이 똑같이 일본의 침략에 피해를 보고 있다. 거창한 독립운동 차원이라기보다 젊은 혈기의 어떤 반발심과 영웅심, 모험심이 발동하지 말라는 법은 없다.

우리는 영웅적 인물을 평가하거나 해석할 때 '어린 시절에 남다른 모습'을 근거 없이 혹은 과장되게 미화하는 경우가 많다. 그런 인물은 어릴 때에도 출중한 어떤 능력이나 신통력을 갖고 있다고 해석한다. 아무리 훌륭한 일을 해낸 인물이라도 어린 시절에도 알아봤다는 식의 고정관념을 버리고 인물을 평가해야 할 것이다.

그런데 시기가 묘하지 않은가. 1931년 12월이라는 시기가. 중국이 일본에 유린당하고 있는 것은 다 아는 사실이다. 또한 조선이 일본의 식민 지배를 받고 고착화되어 가고 있는 것도 알고 있다. 1931년 7월에는 만주사변이 일어나고 일본제국의 괴뢰국인 만주국을 세우려고 하던 때 아닌가. 대만인이든 조선인이든 얼마든지 일본에 대한 적대적 행위로 이들 일본에 유학 온 비행학교 학생들의 항일 의식하에 이루어진 모험일 가능성이 크다고 판단된다. 그러나 이러한 해석을 입증해 줄 만한 결정적인 자료는 없다. 단지 추후 임도현 비행사의 중국군 장교로, 중국군 비행사로 활동한 행적으로 봐서 큰 무리 없는 해석이라는 것이 필자의 소견이다.

여전히 당시 일본 비행기 성능으로 1,780㎞라는 장거리를 비행할 수 있는가 하고 독자들 중에 의문을 제기하는 사람들도 있을 것이다. 하지만 1931년 12월 제주도 북제주 조천면 상공에서 주민들이 목격한 비행기들의 정체는 무엇인가. 임도현 비행사가 비행기로 탈출할 가능성이 없다고 주장한다면, 그와 같은 시기 1931년 12월 초, 제주주민들이 제주도 상공에 나타난 비행기를 보았다는 증언을 어떻게 설명할 길이 없다. 그리고 그 4대의 비행기 중 한 대는 조천면 상공을 두세 번 선회하며 서찰이 담긴 포대기를 투하하였다. 그 포대기에는 임도현 비행사 부모 앞으로 보내는 두루마리 서찰이 있었다. 우리는 이 비행이 불가능하다는 논쟁에 대해 이 장의 마지막에서 별도로 다루기로 하자.

> 죽음을 각오한 거사지만 어쩌면 마지막이 될 수도 있다는 생각에 부모님께 안부편지를 두루마리 종이에 써서 챙기고 간단하게 유품으로 본인이 입었던 옷가지와 편지를 보자기에 넣어 짐을 꾸렸다.[76]

✈ 동경에서 상해까지 비행은 사실인가

보훈처에서는 임도현 비행사의 이 비행을 믿지 못하겠다고 했단다. 그런데 분명 임도현 비행사는 1931년 12월 비행학교 비행술 도중 도항한 사건으로 체포되어 일본으로 압송되었다. 그리고 1931년 제주도 북제주 조천면 상공에는 4대의 비행기가 출현하였다. 다시 증언을 들어 보자.

> 부모님이 계신 와흘리 집(2010년 현재 제수씨 이수성 씨가 거주하고 있는 집) 상공에서 빙글빙글 선회하다 임도현 편지와 유품을 담은 보자기를 고향집에 떨어뜨리고 원 목적지로 비행하였다. 편지에는 안부와 함께 부모님을 안심시키기 위하여 중국으로 건너가 정착한 우리 '任氏'조상들 족보를 찾아오겠다는 내용이 있었다. 당시 비행기는 잠자리비행기인 복엽기였다. 제주 조천 와흘리 고향

---

76) 고 任南鎬, 1923년생, 1985년 亡, 제주 와흘.

그리고 비행기에서 떨군 포대기를 임도현 비행사 부친에게 갖다
준 주민이 있었다.

사진 좌측에 서 있는 사람이 비행기에서 떨어뜨린 안부편지 담긴 보자기를 주워 임도현 부친
께 갖다 준 신정환(현, 90세) 씨이다. 1936년 판결문에 "소화 6년에 입천비행학교 재학 중 비
행술 수업 중에 지나 상해로 도항"을 결정적으로 뒷받침하는 증언이다.

이 도항사건은 임도현 비행사의 행적 중 가장 극적인 부분이면서
그의 존재 의미를 규정하는 결정적인 사건이다. 1931년 12월 초 제주
도 상공에 나타났던 4대의 비행기들은 서쪽으로 날아가 사라졌다고
한다. 그 사라진 비행기들의 행적은 나중 임도현 비행사가 공갈과 무
고죄로 피소되어 1935년부터 받은 재판과정에서 드러난다. 판결문에

---

77) 신정환(愼貞煥), 88세, 제주시. 2012년 2월 현재 생존.

는 "비행술 수업 중 중국 상해로 도항(飛行術受業中支那上海渡航)"이라고 명시되어 있다. 비행기들은 상해로 날아간 것이다.

그러나 이 판결문의 해석에서 '도항'이란 배로 바다를 건너간 것이라는 주장이 있다. 하지만 비행기로 바다를 건넜을 때도 '도항'이라는 단어를 쓴다. '도항'이라는 단어의 해석상 논란과 상관없이 임도현 비행사가 비행기를 타고 상해로 날아간 것을 확인시켜 주는 자료는 다음과 같다.

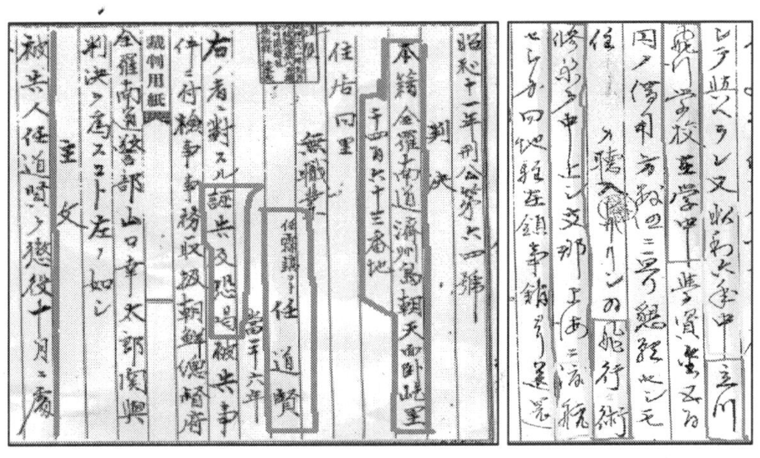

일본 다치가와 비행학교에서 비행 훈련 중 탈출하였음을 보여 주는 1936년 판결문

이제 우리가 살펴보아야 할 것은 다치가와 비행학교에서 비행수업 중 도항했다는 판결문의 자료와 당일 제주도 상공에서 비행기들을 목격했다는 증언을 바탕으로 과연 그 비행기들이 정말로 1,780㎞의 장거리를 비행한 뒤 중국 상해 근교에 불시착했는가 하는 점이다. 이들 비행기들이 상해 근교 옥수수 밭에 비상착륙했다는 증언을 먼저 보자.

비행기 연료가 얼마 남지 않은 상황에서 넓은 곳이 시야에 들어와 비상착륙하
고 보니 옥수수(강냉이) 밭이었다. "옥수수 밭이 얼마나 넓었던지 하루 종일 걸
어도 옥수수 밭을 다 걸어 나오지 못할 정도로 넓더라"고 임도현 비행사가 농
담을 하였던 바도 있다.[78]

상해 근교 옥수수 밭에 불시착한 풍경에 대한 또 다른 증언을 들어
보자.

옥수수 밭을 빠져나오고 있었다. 한참을 걸어 나오다 깜박 잊은 것이 생각났다.
중국에 가면 우리 "풍천 임씨" 중에 한국에서 건너가 사는 조상의 행적을 알고
오겠다 하여 우리 집안의 족보를 준비하고 갔었다. 그러나 비행기 조종석에 문
중 족보를 그대로 놓아둔 채로 나온 것이 생각나서 동료들에게 기다리라 하고
는 비상착륙한 지점으로 돌아가서 다시 족보를 찾아 쫓아갔다. 갑자기 먼 곳에
서 총소리가 요란하게 나서 걸음을 재촉하여 도착해 보니 동료 중 3명은 총에
맞고 이미 죽어 있었으며, 나머지 3명의 행방은 그 이후로 죽었는지 살았는지
만날 수가 없었다. 임도현도 시신을 확인하고 상황을 파악하고 있었는데 갑자
기 총소리가 나서 바라보는 순간 머리에 빨간 띠를 한 사람들이 총 쏘는 것을
목격했다. 다행히 옆에 진흙탕 개울[溪]이 있어서 다리 밑으로 떨어져 진흙 속
에 파묻혀 겨우 목숨을 연명하게 되었다.[79]

이 증언을 마지막으로 도항의 실체와 윤곽을 확인할 수 있게 되었다.

✈ 장거리 비행가능성과 비행기종에 대하여

이제 앞에서 "당시 일본 비행기들의 성능으로 볼 때 그런 장거리
비행이 불가능하다"는 주장에 대한 반론을 제기하고 도항의 개념을

---

78) 愼貞煥, 88세, 제주시.
79) 任南鎬, 1923년생, 1985년 亡, 제주 와흘.

살펴보면서 이 장을 마무리해야 될 것 같다.

임정범 씨는 이 부분을 입증하려고 노고를 아끼지 않았다. 일부 사람들이 당시 1931년도 전후 일본 비행기들의 성능을 무시하며 1,780km에 달하는 장거리 비행에 대해 부정적인 견해를 내놓았다.

린드버그가 1927년 대서양을 횡단했던 'The Spirit of St. Louis'라는 비행기의 엔진은 Wright Whirlwind J-5C모델로 223마력짜리이었다. 1931년 당시 일본 비행기들의 엔진 모델은 BMW형이고 450마력이다. 린드버그는 223마력짜리 비행기로 체공시간 33시간 넘게 3590마일의 거리를 비행했다. 임도현 비행사 일행은 450마력짜리 비행기로 1,780km를 10시간 내외의 체공시간을 가지고 비행했다. 충분히 납득할 수 있는 근거가 아닌가.

그러면 이제 임정범 씨가 이 부분을 입증하기 위해 어떤 노력을 했는지 보자. 보훈처는 임도현 비행사 공훈 심사에서 4번째 탈락시키면서 "당시 비행거리가 너무 길어 일본 당시의 비행기 능력으로는 중국으로 날아갈 수 없다"와 판결문에 나온 "도항(渡航)은 배에 한해서 사용하는 용어이다"라고 하였다.

먼저 "당시 일본 비행기 능력으로는 중국으로 날아갈 수 없다"에 대한 보훈처의 주장을 임정범 씨가 반박한 근거를 보자.

첫째, 1931년 7월 26일, 그러니까 임도현 비행사가 도항한 1931년 12월보다 5개월 전, 일본인 오가와[小川] 비행사는 일본 본토에서 대만까지 16시간 23분 장거리 무착륙 연락비행을 하였다. 이 내용은 1932년도 일본제국협회에서 발행한 항공연감에 실려 있다. 비행시간 16시간이면 시속 330km로 5,280km 비행할 수 있고 시속 200km로는 3,200km 비행할 수 있는 거리다.

둘째, 1927년 린드버그(Charles Lindbergh)는 the Spirit of St. Louis기를 타고 5월 20일부터 21까지, 뉴욕에서 출발하여 파리까지 3590마일 (약 5744km)을, 33시간 39분간 비행하여 대서양횡단에 성공했다. 임정범 선생은 또 다른 장거리 비행의 사례로 다음의 자료를 제시했다.

昭和七年
鑑 年 空 航

遞信省航空局監修
希國飛行協會發行

二十二日　各務ケ原の川崎造船所
飛行機工場では、同所製の國産試作
戰鬪機川崎五型二號（B・M・W發動
機七百五十馬力）の試驗飛行を午前
九時三十分から三十七分間行つたが
時速三百三十五粁と云ふ超速度を出
し世界戰鬪機の速度記錄を破る。

二十六日　日本航空輸送會社の
オツカー機は小川操縱士以下乘組、
内地臺灣連絡飛行の小手調べとし
て、驟雨を衝き十六時二十三分の
我國滯空の記錄を作る。

同日　Z伯號ペナンブコに到着、
南大西洋無着橫斷飛行に成功。所要
時間七十一時間五十三分。

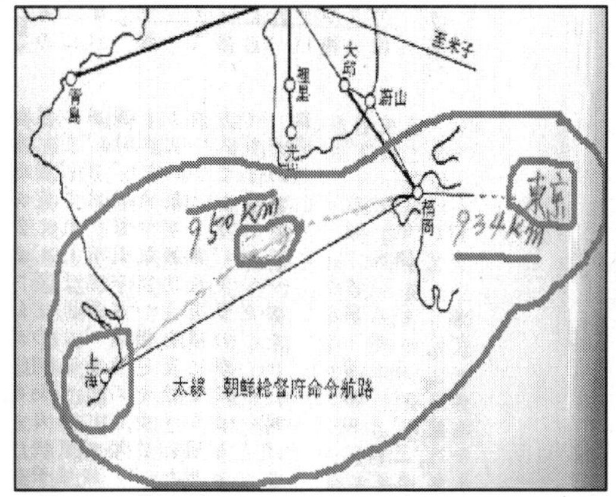

〈1932년 일본제국비행협회 발행 항공연감 3쪽〉
1931.1.22. 各 務務 原(카가미가하라)의 가와사키 造船所 비행기 공장에서는 同所에서 製作한 국산 試作 전투기 천기 5형 2호 (BMW 발동기 750마력)의 시험 비행을 오전 9시 30분부터 37분간 행하였는데, 시속 335km라는 초속도를 내어 세계 전투기의 속도기록을 깨뜨렸다.
〈1932년 일본제국비행협회 발행 항공연감 15쪽〉
1931.7.26. 일본 항공수송 회사인 후오카기는 小川 조종사 이하가 乘組(같이 탑승)하여 内地(일본국내) 대만연락비행기의 사전연습으로 폭풍우를 뚫고 16시 23분이라는 我國(아국: 일본) 滯空(체공) 기록을 세웠다.

이상은 임정범 씨가 비행 불가능하다는 주장에 대한 반박을 위해 내놓은 자료이다. 그러나 비행 가능 거리를 가령, 300㎞×16시간＝4,800㎞라고 하는 것은 산술적 계산일 뿐이지 실제적으로 현실성이 없는 계산이다. 그러나 임정범 씨는 속력 200㎞로 잡아도 16시간이면 3,200㎞의 비행거리가 나오며 1,780㎞ 이상의 장거리 비행이 가능한 결론이 나온다고 주장한다.

'당시 일본이 보유한 비행기 성능으로는 그런 장거리 비행이 불가능하다'는 보훈처의 주장과 유족 측인 임정범 씨의 '당시 일본이 보유한 비행기 성능으로 충분히 가능하다'는 주장이 맞섰다. 하지만 보훈처가 불가능하다는 주장에 대한 보훈처 측의 항공 관련 근거는 보지 못하였다.

필자는 조금 다른 각도에서 비행 가능성을 타진하였다. 1932년 일본항공연감에서 소개한, 1931년 오가와[小川] 비행사는 본토에서 대만까지 비행할 때 '후오카'기로 조종하였다. 이 '후오카'기는 'Fokker'기로 Fokker The N.V.Nederlandsche Vliegtuigenfabriek 네덜란드산 Fokker T－2 기종이다.80)81)

이 기종은 420마력짜리이며 이미 1923년에 같은 기종의 비행기가 미국 대륙을 무착륙횡단비행을 하였다. 뉴욕에서 LA까지 4,634㎞ 거리를 비행하는 데 27시간이 소요되었다. 시속 172㎞의 경제속도로 비행한 것으로 계산된다.

---

80) 267쪽, 『일본항공연감』, 일본제국비행협회, 1932년.

81) **Country of Origin:** Netherlands **Dimensions:** Wingspan: 24.5m(80ft 5in), Length: 15.2m(49ft 10in), Height: 3.7m(12ft 2in), Weight: Gross, 4,932kg(10,850lb) at takeoff for coast－to－coast flight, Engine: Liberty V－12, 420 horsepower, **Physical Description:** Engine: Liberty V－12(408－hp) Manufacturer: Ford Motor Car Company Serial No.: A.S. No.5142 Propeller: Fixed－Pitch, Two－Blade, Wood Manufacturer: Curtiss Aeroplane and Motor Co. Markings: Curtiss Propeller #1249, Walnut, Standing RPM 1415, Part No.047315, A.S. No.110781, Plane MB－2, NBS－1 Overall Radius: 159cm(62.5in.) measured on displayed aircraft(Dwg. 047315, from Air Service Report).

1931년 일본인 비행사 오가왜[소천]가 1923년 미국 대륙횡단 비행을
한 것과 동일 기종인 Fokker T-2기

　1931년 일본인 비행사 오가와는, 1923년 4,634㎞ 미국 대륙횡단비
행을 한 것과 동일 기종인 Fokker T-2기로 일본 동경에서 대만까지
연락비행을 한 것이 기록상 나와 있다. 1932년 일본제국비행협회에서
발행한 항공연감(koku nenkan) 15쪽에는 "1931년 7월 26일 폭우 속에
서 16시간 23분", 17쪽에는, "1931년 10월 4일에 9시간 20분" 소요되
었다고 한다. 동경에서 대만 타이베이까지 거리는 약 2,000㎞ 정도이
다. 1931년 7월 연락비행은 시속 125㎞로, 동년 10월의 연락비행은 시
속 약 222㎞의 비행속도가 된다.

　임도현 비행사 일행이 동경 다치가와 비행학교에서 탈출할 때 비
행한 기종에 대해 살펴보자. 일본인 오가와 비행사가 비행한 비행기
Fokker T-2(420마력, 4,932kg)와 유사한 비행기는 87식경폭격기(450
마력, 3,327kg), 88식2형전투기(450마력, 3,000kg), 88식2형경폭격기
(450마력, 3,100kg) 등으로 모두 2인승 복엽기이다. 이들 일본 비행기
들이 Fokker T-2기종보다 훨씬 가볍고 마력은 더 높은 기종들이다.

이 기종들로 동경-대만 간 항로보다 거리가 다소 짧은 동경-상해 간 약 1,780㎞를 비행할 가능성은 충분한 셈이다.

앞서 언급했듯이, 보훈처가 비행 불가능하다는 주장에 대해 제시된 항공 관련 근거는 보지 못했지만, 유족 측의 비행 가능하다의 주장에 대한 항공 관련 자료는 상당히 설득력을 가지고 있다. 이 논쟁의 결론은 독자들의 판단에 맡기고 다음 논쟁으로 넘어가자.

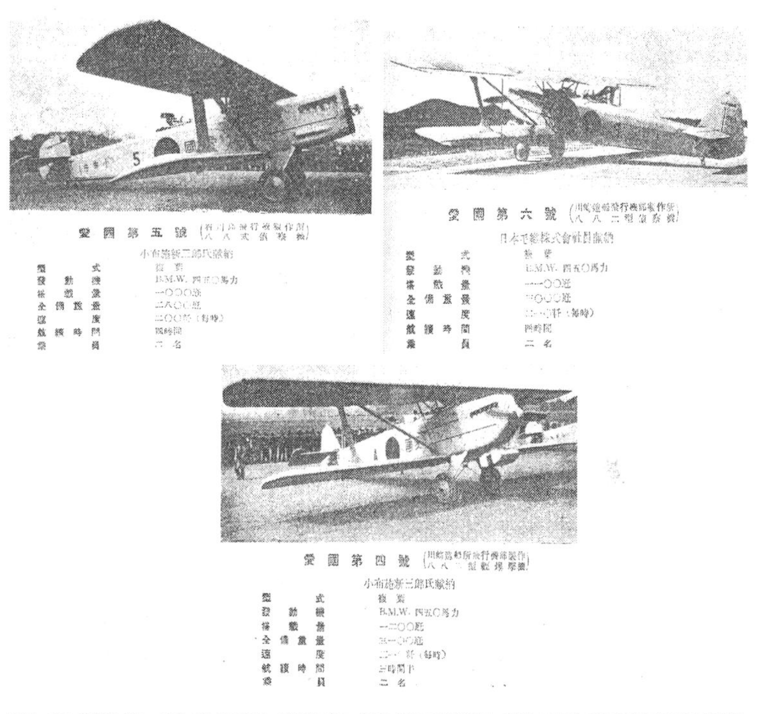

위의 사진 좌측에 있는 것은 88식정찰기, 우측에 있는 것이 88식2형정찰기, 아래 사진은 88식2형경폭격기이다(일본제국비행협회. 1932년도 항공연감 435쪽. 436쪽).

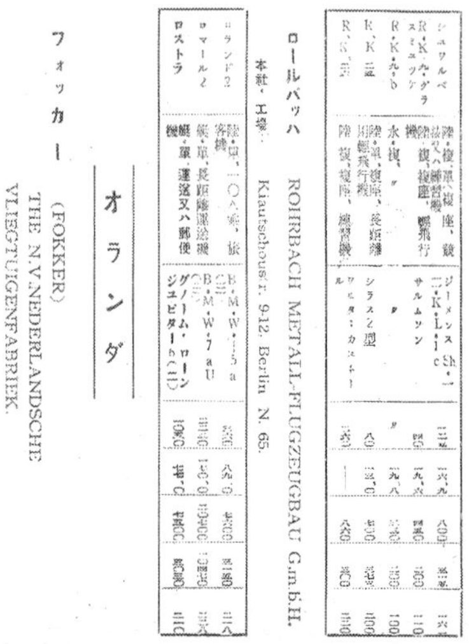
ロールバッハ
ROHRBACH METALL-FLUGZEUGBAU G.m.b.H.
Kiautschoustr. 9.12. Berlin N. 65.
オランダ
フォッカー (FOKKER)
THE N.V.NEDERLANDSCHE VLIEGTUIGENFABRIEK.

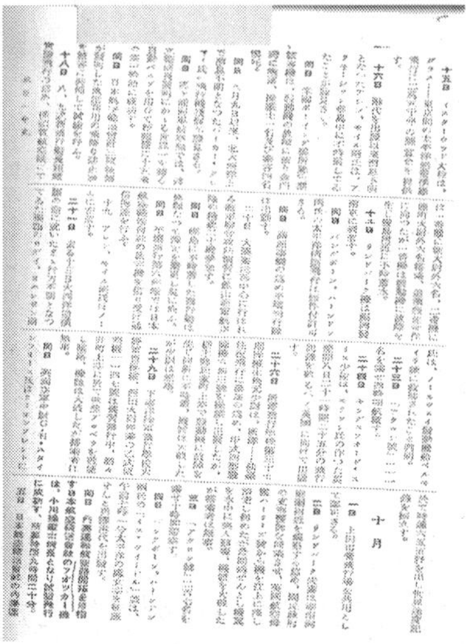

왼쪽은 일본인 비행사 후오카[소천]가 탄 기종 Fokker T-2기에 대해 소개한 글(일본제국비행협회 1932년도 항공연감 267쪽)이고 오른쪽은 후오카 비행사의 동경-대만 간 연락비행을 소개한 글(같은 책 19쪽)

✈ '도항(渡航)'이란 뜻은 무엇인가

임도현 비행사가 도항사건으로 일경에 체포되어 일본으로 끌려갔다. 그리고 1936년 판결문에 "비행술 훈련 중에 지나 상해로 도항한"이라는 사실이 적시되어 있다. 보훈처는 이 '도항'은 배에 한해서 사용하는 용어라고 주장했다. 그런데 필자가 공군 원로인 이재환 선생[82]에게 일본인들이 사용하는 '도항(渡航)'을 그들은 무슨 뜻으로 사용하는가 묻자, "바다를 건넌다"라는 뜻이라고 대답했다. 그럼 "그 뜻에 교통수단도 포함되어 있는가. 어떤 한정된 교통수단을 이용해서

82) 공군 중령 예편, 주일본 한국대사관 근무, 1960년대와 1970년대.

바다를 건넌다는 뜻인가"라고 묻자, 이재환 선생은 "교통수단은 상관없이 바다를 건넌다는 뜻으로만 사용된다. 과거에는 배가 유일한 교통수단이었으니 대부분 배를 타고 도항한다"라는 식으로 표현했을 거라고 했다. "그럼, 비행기로 도항한다는 말도 성립되는가"라고 묻자, "당연히 성립된다. '도항'이라는 말에 무슨 교통수단을 국한시켜 이를 내포해서 사용하는 것이 아니다. 당연히 비행기로 바다를 건너는 것도 도항이다"라고 설명해 주었다.

임정범 씨는 "오늘날 항공기 여행시대에 일본은 여권 분실 시 '도항증(渡航證)'이라는 것을 발부해 주는데, 이 증을 가지고 비행기를 타고 건너간다"고 하였다. 만약 보훈처의 해석대로라면 이 도항증을 가지고 배만 타고 가야 하고 비행기는 타지 말아야 하거나 탈 수 없다는 말이 된다.

이번에는 '도항'의 사전적 해석을 살펴보자. '항공기(航空機)'의 '항' 자도 한자 '航'이고 '도항(渡航)'할 때 '항' 자도 한자 '航'이다. 과거 비행기가 없을 때 쓰던 배 '항'은 후에 비행기가 발명되고 나서도 같은 '항' 자를 사용하고 있다. 만약 누군가 "도항이라는 말을 바다 위에 떠다니는 '배'에 한해서 주로 '渡航'이라는 용어"를 사용한다면, 위에서 살펴보았듯이 이는 과거에 통용된 사전적 의미에 갇혀서 주장한 말이고 일반적으로 당시 일본에서 '도항'을 어떻게 사용하고 있는지에 대한 감안은 하지 않은 교과서식 답변이라고 볼 수밖에 없다. '도항'이라는 용어와 관련한 논란에 대해 다시 정리하면 다음과 같다.

첫째, 임정범 씨는 일본영사관에 이 단어 사용에 대해 자문을 구했다고 한다. 일본대사관에서는 "1931년 당시 '渡航'이라는 단어 이외의 달리 사용하는 용어는 없었으며 주로 항공기 여행시대인 오늘날에도 여권 분실 시 임시 여권으로 '渡航書'라는 증명서가 나간다"고 하였다.

둘째, 동아컴 '한자뿌리'에 나온 '渡航'의 뜻 유래에 대하여 "인간은 주위의 강이나 바다를 航海할 수 있는 배를 발명했다. 중국인들은 하늘을 나는 기계 역시 배를 바다에 띄우는 것과 유사한 기술에서 나왔다고 보고 航海와 航空에서의 航은 동일한 글자를 쓴다"라는 설명을 제시하였다.

셋째, 일본대사관은 "판결문에 나온 본 문장 전체를 연결시켰을 때, 대부분 '비행기'와 관련한 용어가 포함되어 있다고 사료되며, 동시에 '배'를 타고 갔다는 근거나 무게를 둔 용어는 아니다"라고 답했다.

이 문제 역시 독자들의 판단에 맡기도록 한다. 이 논쟁을 오랫동안 붙들 여유는 없다. 이제 우리는 임도현 비행사가 중국에서 펼치는 다음 행적을 살펴봐야 할 것 같다.

중국 유주육군항공학교
요원이 되다

임도현 비행사가 유주시(市) 100년사에 해당하는 『유주20세기도록
(柳州20世紀圖錄)』이라는 책에 실린 사진 속에서 중국군 장교 복장을
하고 있는 모습을 발견한 것은 일종의 반전이다. 유족들이 이 사진을
보훈처에 보여 주자, "우리는 사진만 가지고 유공자를 정하지 않는
다"라는 말을 들었다고 임정범 씨는 전한다. 유족 측 입장에서는 억
장이 무너지는 소리일 것이다. 임도현 비행사 조카 임정범 씨는 백부
가 유공자가 되어도 국가로부터 돈 한 푼 받지 못한다. 그의 일가친
척 모두 마찬가지다. 임정범 씨는 백부의 '명예회복'을 위해 10년 가
까이 자료 수집에 시간을 보내며 사비를 들였다.

이 논쟁에 대해서는 차츰 소개하기로 하고 필자의 머릿속에 맴도
는 의문부터 언급해야겠다. 앞에서 임도현 비행사의 어린 시절과 청
년 유학시절 그리고 비행학교 입교에서 중국 상해로 도항하는 행적
까지 살펴보았다. 그러나 어떤 부분은 가령, 일본에서 유학한 상황은
학교의 기록이 제시되지 않아 사실인지 아닌지 독자들이 그런 행적

임도현은 개울에서 나온 후 진흙 묻은 채로 상해 군부대로 가서 장개석 원수와 연결이 되었고, '조종사 옷'이 보증수표가 되어 장개석의 환영을 받았다.[84]

장개석은 일본 육사를 나왔다. 장개석이 만난 게 확실하다면 일본 비행학교에서 비행기로 탈출한 임도현 비행사를 크게 환영했을 것이다. 최용덕, 권기옥, 전상국,『삼천리』잡지에 소개된 김연기 비행사도 장개석을 만났다고 했다. 중화민국 항공대 창설 멤버이면서 중일 전쟁을 수행하고 종전 때까지 중국 항공대에 있었던 최용덕 비행사는 장개석과는 친밀한 관계를 유지했고 장개석의 전용비행기를 직접 몰기도 했다. 따라서 임도현 비행사가 장개석을 만났다는 것은 사실일 가능성이 높다.

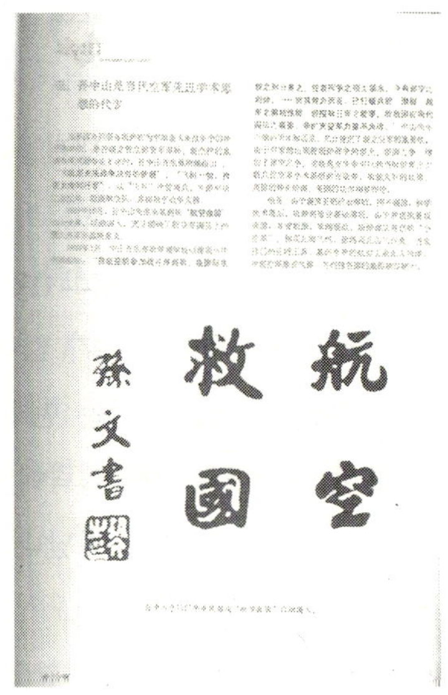

손문 친필의 '航空救國(항공구국)'

---

84) 任南鎬, 1923년생, 1985년 亡, 제주 와흘.

장개석은 항공에 대한 중요성을 '항공구국(航空救國)'[85]을 외친 손문 이후로 잘 이해하고 있었다. 장개석의 부인 송미령 역시 항공에 지대한 관심을 갖고 있었다. 그녀는 중국 항공위원회 비서장이기도 하다. 그는 1937년 10월 12일 남경에서 펼쳐진 중국군과 일본군 전투기 간의 공중전을 목도하고 아주 자세한 글을 남긴다. 그녀의 공중전 목격담은 미국 『Forum』에 실려 미국의 민간항공지원을 받는 자극제가 되었으리라 본다.[86] 송미령 여사가 목격한 중일전쟁 당시 남경 상공에서 벌어진 공중전의 모습을 담은 글은 책 뒤 부록 4에 전문(全文)을 번역, 수록하였다. 송미령 여사의 글은 중일전쟁 당시 공중전의 양상을 실감나게 묘사하고 있다. 손문과 마찬가지로 항공의 중요성을 잘 알고 있던 장개석은 1932년에 유주에 광서항공학교를 설립한다.

> 1932년 장개석은 계림에 적기에 대하여 광서군정당국에서 공중방어 능력을 강하게 키우기 위하여 유주에 광서항공학교를 설립하였다.[87]

임도현 비행사는 1931년 말 부대 배치를 앞두고 있었다. 이 시기의 상황에 대한 증언을 들어 보자.

> 임도현은 1931년 말, 장개석 원수가 최초 공군력 증강을 위해 세우는 유주육군항공학교 창설 요원으로 들어가 軍籍을 두고 항공학교와 함께 하게 된다.
> 유주는 당시 집단군 체제로 최고 군벌인 장개석 원수 휘하의 이종인 장군이 육군항공학교를 포함해서 관장하고 있었다. 임도현은 그 항공학교에 소속되어 있으면서 한편으로는 창설 멤버로서 군 항공 조종사 양성과 병행하여, 소정의 교

---

85) 北京航空聯誼會, 『中蘇美空軍抗日空戰記實』, 북경, 중국, 2005. 16쪽.

86) 위의 책, 67쪽.

87) "桂林仔"痛殲日本飞贼("계림자"통섬일본비적. "1932年, 蔣桂对峙, 广西军政当局为增强空防能力, 在柳州创办了广西航空学校". 중국의 유주시 인터넷 홍보 사이트에 실린 유주육군항공학교 소개글.

이 증언의 사실 여부를 떠나 어떤 형태로든 장개석을 만나고 중국
군에 합류하게 되었고 중국군 비행학교에서 추가로 비행술을 배우면
서 일본에서 배운 비행술을 가르치는 상호 교환 방식의 교육 역할을
했던 것으로 보인다. 그리고 그의 자필 이력서에도 1931년 12월 말에
중국유주육군항공학교에 들어갔다고 기술되어 있었다.

1932년 3월에는 유주육군항공학교가 광서항공학교로 이름을 바꾸
고 비행과, 기계과 각각 30명씩 2개 반이 편성되었다. 1934년 7월, 제
1기 비행학교 학생들이 졸업했다. 동년 6월에는 제2기 비행학교 학
생들이 입교하였고 1936년 6월에 제2기 비행학교 학생들이 졸업하였
다. 1937년에는 제3기 비행반, 기계반, 폭사사반, 특종반 등 4개 과가
있었다. 중일전쟁 이후 동년 9월에는 항주에 있던, 우리 한인 비행사
김은제 비행사가 다닌 바 있는 중앙항공학교와 광서항공학교가 합
병되었다.

이제 이 장을 마무리할 때가 되었다. 마무리는 아무래도 임도현 비
행사 사진의 진위가 되겠다. 국가보훈처는 임정범 씨가 찾아낸 사진
속의 주인공이 "임도현인지 확인할 수 없다"라고 하였다. 보훈처가
인정 못 하겠다니, 임도현 비행사 유골을 파내서 DNA라도 검사해야
할 형편이다. 보훈처의 반응에 임정범 씨는 사진을 다음과 같이 검증
하였다.

---

88) 任南鎬, 1923년생, 1985년 亡, 제주 와흘.

　임정범 씨는 다른 방식으로 사진 속의 주인공의 확인 근거를 제시하였다. 임도현 비행사를 익히 아는 제주도 주민들이 유주시(市) 책에 실린 주인공이 임도현 비행사임을 알아보고 확인서명을 했다.

　지금까지 임도현 비행사가 비행기를 타고 상해로 건너와 중국의 비행학교에 중국군 교관으로 활동하였다는 것을 몇 가지 자료로 확인하였다. 그 사진 속의 주인공이 과연 임도현 비행사인가 아닌가 하는 여부는 여러분 독자들의 판단에 맡긴다.

첫 번째 피체(被逮), 윤봉길 거사에 '동조했다'는 죄명으로 붙잡히다

2012년 올해는 윤봉길 의거 80주년, 윤봉길 의사 순직 80주년이 되는 해이다. 윤봉길 의사를 일본제국주의자들은 '테러리스트'라고 깎아내렸지만 윤봉길 의사는 지식인이었다. 젊은 시절부터 농촌 계몽운동을 했으며 다수의 시와 글을 남겼다. 1932년 4월 29일 독자들도 이미 잘 알다시피 사전에 치밀하게 계획된 준비로 상해 홍커우에서 벌어진 일본의 전승기념일 행사에 폭탄을 던져, 일본군 시라카와[白川義則] 대장, 상해 일본거류민단장 가와바타[河端貞次]를 즉사시켰으며, 일본 해군 제3함대 사령관 노무라[野村吉三郎], 제9사단장 우에다[植田謙吉], 주중공사 시게마쓰[重光葵], 총영사 무라이[村井] 등에게 중상을 입혔다.

거사를 벌인 후 바로 체포되어 5월 25일 상해 일본군 사령부 군법회의에서 사형선고를 받았고 11월 18일 일본 오사카[大阪] 위수형무소로 이송된 뒤, 12월 18일 가나자와[金澤] 형무소로 옮겨져 동월 19일에 총살형으로 순직했다.

폭탄 사건 이후 일본은 상해 등지에서 한국인 배후인물들의 수색 작전을 대대적으로 펼쳤으며 폭탄 사건과는 무관한 많은 한국인들이 체포되어 고문을 당하는 고초들을 겪었다. 공교롭게도 우리의 주인공 임도현 비행사가 1933년에 윤봉길 의사 사건과 연루된 혐의로 체포되었다.

임도현 비행사가 1931년 12월 동경 다치가와 비행학교에서 비행기로 탈출, 상해로 왔다는 것을 앞서 소개하였다. 그리고 그가 유주육군항공학교에 들어가 비행술도 배우면서 또한 일본 비행술을 가르치는 교관으로 활동했다는 것도 언급하였다. 그 2년 동안의 임도현 비행사의 정확한 행적은 구체적 자료가 없어 알지 못한다. 다만 유주육군항공학교에 있으면서 종종 상해를 오갔다고 한다. 추정하건대 유주육군항공학교에서 근무하다가 1933년에 중경에 있는 국민군 중앙군사정부에서 장교로 근무했다는 자필 이력서 내용이 있다. 자필 이력서 내용에 의하면 여러 외국어의 구사가 가능하고 일본에서 비행술을 배운데다 중국 유주육군항공학교에서의 근무경험 경력들이 장개석의 관심을 끌었던 것으로 보인다.

> 임 중위(中尉)는 사천성중경중앙군사정부(四川省重慶中央軍事政府) 장개석(蔣介石) 원수(元帥)가 있는 부대 내에서 근무하고 있다.[89]

이 부대에서 임도현 비행사가 근무하다가 중국 육해군대학에 들어가 수학하기 전에 제주도 고향을 다녀오려는 계획을 가졌던 듯하다. 이 당시 중국의 사정은 어지러웠다.

---

89) 清國 四川省重慶中央軍事政府 任中尉在留 陸軍元帥蔣介石 內部.

1931년 7월 만보산 사건으로 터진 만주사변과 만주국 설립, 1932년 1월 제1차 상해사변과 1932년 4월 윤봉길 의사의 폭탄 투척 사건 등 어지럽던 정세가 중국 관내는 어느 정도 가라앉았다. 하지만 만주지역에서는 중국군과 한국독립당 당군의 연합군과 일본군·만주군의 치열한 전투들이 벌어지고 있었다. 1932년 11월의 쌍성보90) 및 경박호 전투,91) 1933년 4월 사도하자(四道河子) 전투,92) 1933년 6월 동경성(東京成)전투,93) 1933년 7월 대전자령(大甸子嶺)전투94) 등이 있었다.95) 이 일련의 전투를 진두지휘한 지청천 장군 휘하에 최용덕 비행사가 있었다.96)

다시 임도현 비행사 이야기로 돌아가자. 임도현 비행사가 1933년 12월 압록강을 넘자마자 일경에게 체포된 것은 불운이었다. 그가 체포된 경위에 대한 자료는 없다. 증언에 의하면 중국 육해군대학에서 연수를 받기 전에 고향에 한 번 다녀오기 위해 군복을 벗고 남루한 옷차림으로 변장하여 제주도로 가려 했다는 것이다. 이와 관련한 증언을 들어 보자.

---

90) 쌍성보전투에서는 한국독립당군 3,000명, 중국군 2만 5,000명 연합군이 쌍방 간 사상자를 많이 낸 치열한 전투를 벌여 만주군 다수와 일본군 1개 중대를 전멸시켰다.

91) 경박호 전투는 역시 독립군과 중국군 연합군이 만주군 2,000명을 섬멸한 전투다.

92) 사도하자 전투는 만주군과 일본군 1개 사단과 맞서 승리한 전투이다.

93) 동경성 전투는 발해의 고도인 동경시에 주둔하고 있는 만주군을 공격하여 항복을 받아 내고 일시 점령한 전투였다.

94) 대전자령 전투는 독립군 2,500명과 중국군 6,000명이 일본군 보급부대를 기습하여 전멸시키고 군복 3,000벌, 군량, 군수품 실은 마차 200여 대, 박격포 10문, 소총 1,500정, 대포 3문 등을 노획하였다.

95) 이상준, 『광복군전사』, 기문당, 1993.

96) 한시준, 『대한제국군에서 한국광복군까지, 황학수의 독립운동』, 역사공간, 2006, 156쪽. 김구의 제의를 받은 한국독립군과 한국독립당은 중국 관내로 이동하기로 결정했다. 총사령관 이청천은 김창환, 오광선, 최용덕, 김관오, 공진원 등 간부와 낙양군관학교 입학지원자를 포함하여 39명을 데리고 남경으로 향했다.

유주항공학교에서 1단계 목적 달성하고 나서 다음 단계로의 임무 수행 전에 고향 부모님께 인사차 들어오게 된다. 그러나 윤봉길 건으로 너무 삼엄한 나머지 거지 복장을 하고 수염을 길러 넝마주이로 위장하여 몰래 입국하다 결국 일경에 체포된다. 조사과정에서 심한 고문 속에서도 그 당시 윤봉길 거사 건에만 모든 초점이 맞추어 있어 다행히 이전행적에 대해서는 일체 조사가 이루어지지 않았다.[97]

증언의 내용 중 "다행히 이전행적에 대해서는 일체 조사가 이루어지지 않았다" 함은 임도현 비행사가 비행기로의 도항사건의 주인공인 줄을 전혀 눈치 채지 못했다는 것을 의미한다. 임도현 비행사의 자필 이력서 관련 내용을 보자.

조선으로 입국 중 일경에 체포되어 경찰서에서 전년도(1932년) 청국상해 동문서원에 한국인 윤봉길은 폭탄을 건네받고 곰사냥 사살 전법으로 저격을 하겠다 하여 폭탄을 허위로 위장하고 폭탄을 건네주며, 당부에 말을 듣고는 얼마 없어 행동으로 옮겼는데, 일본군 회의중(행사중) 폭탄을 던졌(사격)으며, 이 사건에 임도현(我)이가 疾走犯으로 수감되었으며 思想犯(眞惡範)으로 증명되어 처리되었다.[98]

비록 일본경찰에 체포되어 고문을 받았지만 엉뚱하게 윤봉길 사건 연루의혹에 대해서만 취조가 이루어졌지 비행기로 탈출한 장본인인 줄은 일본경찰이 꿈에도 생각하지 못했던 것이다. 윤봉길 사건과는 관계가 없고 아무런 연루혐의가 없다는 것이 확인되자 풀려났다. 풀려난 뒤의 행적도 자세히 알 길이 없다. 제주도로 귀향하는 계획은 포기한 듯하고 중국 중경으로 되돌아간 것으로 보이는 행적에

---

97) 李洙星, 82세, 제주 와흘.

98) 朝鮮入國中 警察署에셔 ( )前年度 淸國上海 同文書院에 韓國人 尹奉吉은 彈藥丸 授與上은 熊狩殺하겠다 僞虛言上 授與後 聞則 日本軍 會議中 射擊하야 銃殺事件에 我 疾走犯으로 囚人하야 思想犯(眞惡犯) 及 證.

대한 임도현 비행사 자필 이력서 내용이 있을 뿐이다. 중경으로 되돌아간 임도현 비행사는 황포군관학교 내에 있는 육해군대학에 들어가 연수를 받고 수료를 한다. 국민당 군 간부가 되는 코스를 밟았다고 볼 수 있다.

임도현 비행사가 장개석을 만났는지의 사실 여부는 정확하지는 않지만 가능성은 높다.

출처: 『창석 최용덕의 생애와 사상』, 2007, 공군본부/공군박물관 제공

최용덕 비행사. 중일전쟁 당시 중국군 항공대 준장. 해방 후 대한
민국 공군을 창설하는 주역이 되었다.

장개석은 최용덕 비행사, 권기옥 비행사, 손기종 비행사 등 한인 출신 비행사들을 만난 바 있다. 최용덕 비행사는 국민정부 항공대 창설 멤버였다. 중일전쟁 기간에는 남창기지 사령관으로 활약하기도 하고 손기종 비행사와 마찬가지로 장개석 전용 비행기를 몰기도 하였다. 권기옥 비행사는 장개석으로부터 군도를 하사받은 바 있다. 1932년 12월『삼천리』잡지에 실린 김연기 비행사 관련 글에도 김연기 비행사가 장개석을 만난 사실을 기록하였다.

여기서 김연기 비행사에 대해 조금 살펴보고 다음으로 넘어가야겠다. 『삼천리』1932년 12월호에 김연기 비행사 사진 및 자필 글 "중국비행학교 지원하는 고국청년에게" 및 "남경서 전투기 탄 비행 중좌 김연기 씨"라는 기사가 실려 있다. 필자는『삼천리』잡지에서 본 '김연기'를 일본 경시청에서 작성한 1938년 선고비 제1199호 일본 감시 문건의 조선족 비행사 명단에서도 확인하였다.

송석우 선생이 쓴『노고지리의 증언』책에서 일본비행학교 출신 한국인 비행사 명단에서 '김연기'와 동일 인물임을 확인하였다. 두 자료의 이름 모두 '金鍊器'로 동일하였다. 일본비행학교를 1929년에 나왔고, 1932년『삼천리』잡지에서 "일본비행학교를 나와 중국으로 망명하여 중국 항공대 비행사가 되었다"는 자필 글이 실려 있다.『노고지리의 증언』99)에 실려 있는 일본비행학교 출신명단 내에 있는 '김연기(金鍊器)'는 생년월일은 비워 있고 면허취득등급은 2등, 3등비행사이며, 면허취득 연월은 1929년 6월이며 모국방문 연월은 해당 사항이 없고 출신 비행학교는 일본의 미쿠니[御國] 飛行學校이다.

---

99) 송석우, 한국항공대학교출판부, 2000. 14쪽.

『삼천리』 1932년 12월호에 실린 김연기 비행사의 다른 관련 기사를 보자. 중국군 장교 복장을 한 김연기 비행사의 사진이 크게 실려 있고 김연기 비행사 자필 글 "중국비행학교 지원하는 고국청년에게"와 김연기 비행사 관련 기사 "남경서 전투기 탄 비행 중좌 김연기 씨" 등 두 기사가 실려 있다. 남경서 전투기 탄 비행중좌 김연기 씨라는 제하에 김연기 비행사가 쓴 글이 이 잡지에 실려 있다. 그는 이 글에서 다음과 같이 말한다.

『삼천리』 1932년 12월호에 실린
김연기 비행사 사진 및 관련 기사

"이것을 쓰게 된 것은 항상 조선청년으로서 항공계에 많은 취미를 두고 비행기를 배우고 싶다는 청년이 아주 많아, 가끔 나에게로 편지가 오는데 그래서 나는 비행기를 배우고 싶은데 어떻게 하였으면 좋을지 모르는 청년이 많기 때문에 여지껏 지금까지의 나의 경험과 일본서 이등비행사가 되어가지고 중국항공 중좌가 될 때까지의 이야기를 하겠습니다."(부록 기사 전문 참고)

이 관련 기사에 따르면 김연기는 장개석의 직속부대인 항공소좌로 처음 입대하여 한구의 제1대에서 비행교관으로 있으면서 1930년 7월 이후 약 2년 동안 사시, 장사, 남창, 화경주마점, 정주, 북평, 개봉, 남경 등 중국 각지로 비행하며 중좌로 진급하고 지난 7년 동안에 비행한 시간만 7백 시간이었다고 한다.

또 다른 자료에서 김연기 비행사를 확인할 수 있다. 1937년, 1938년

동경 경시청정보 선고비(鮮高秘) 1199호 문건. 이 문건에는 일본비행
학교를 다닌 대만인, 조선인들의 명단과 함께 이들에 대한 조사, 탐문
등 지시가 있다. 이 명단에는 전상국(1938년 8월, 중일전쟁 중 순직)과
김연기 비행사가 나란히 명단에 적시되어 있다. 내무대신, 조선과 대
만 각 경무국장, 동경방위사령관, 동경형사재판소 검사, 동경헌병대
장, 조선 각 도지사 등이 공람하도록 명시되어 있다.

일본 동경 경시청정보 선고비 제1199호 표지(오른쪽)와 감시대상자인 대만, 조선인 일본
비행학교 출신 명단(재학, 졸업자 포함)

그러면 우리는 위의 자료로 김연기는 독립운동 비행사라고 추정이
가능한가 하는 점이다. 일본비행학교를 나와 중국으로 망명하여 중국
항공대에서 근무하는 전상국 비행사의 행위를 일본은 '적대행위'로
간주한 것처럼, 김연기 비행사 역시 일본비행학교를 나와 중국으로

망명, 중국 항공대의 비행사로 근무한바, 일본이 그를 불령선인 즉 일본제국에 적대행위자로 간주한 것이다. 일본 다치가와[立川] 비행학교를 나온 전상국 비행사에 대하여 일본이 불령선인으로 지목하고 그의 행적에 대해 '적대행위'로 간주한 일본 문건 내의 표현들이 있다.

또 다른 중국자료인 『金僑』[100]라는 잡지에 전상국 비행사에 대한 소개 글이 있는데[101] 중일전쟁 중 활약했으니 일본에 적대행위를 한 것은 이론의 여지가 없다. 전상국 비행사의 활약상을 소개한 글을 보자.

전상국 열사는 애국심이 가득한 전형적인 군인이었다. 당시 한국은 이미 일본에게 나라를 빼앗긴 뒤였고 한국에서의 항일운동이 어려워지자, 그는 망국의 아픔을 가슴에 안은 채, 일본에서의 공군학교 교관직을 포기하고 중국으로 왔다. 중국으로 온 그는 강소 강녕 출신의 중국 국적으로 바꾸고, 중앙항공학교 고급반 2학기 과정부터 공부를 시작하여, 해외에서 지속적으로 항일운동을 펼치며 조국에 대한 희망을 잃지 않았다. 그는 성격이 침착하고 강직했으며 과감하여 매 전투에 용감하게 앞장섰다. 항전 초기에는 17번의 공중운송 임무와 15번의 폭격 투하 임무를 맡아 매번 성공적으로 완수하였고 승진에 승진을 거듭해 결국은 상위본급에 이르렀다. 그렇지만 불행하게도 32세의 전상국은 비행기의 기계고장으로 인하여 임무를 수행하는 중 순직하고 말았다. 정말 안타까운 일이 아닐 수 없다. 소식에 따르면 그의 아내와 딸은 현재까지 일본에 거주하고 있으며 2006년 9월에 남경에서 추모식을 거행할 예정이라 한다.

그리고 최용덕 비행사의 「중국에서 활약하던 우리 조인들」[102]이라는 글에서 보듯이 중국 항공대 등 중국군에 들어간 한인들의 행적을 '독립운동'으로 보는 것이 독립운동사 학계의 통설이다. 중국 항공대 창설 멤버이자 중국 항공대 준장으로 중일전쟁 기간 남창기지 사령

---

100) 2005년 10월호 19쪽, 20쪽.

101) 2006년 7월 공군본부 문화홍보과장 이형걸 대령(현, 정훈과장)이 김신 장군과의 인터뷰 과정에서 밝혀짐.

102) 최용덕, 공군참모부장, 1951년(공군본부 제공).

관 등을 역임한 최용덕 장군의 글 중 이와 관련한 글을 보자.

(중국에서 활약하던 우리 조인들(최용덕, 1951년, 공군참모부장 역임 시)
… 당시 중국에서는 중국공산당을 토벌하야 중국의 국토를 통일하려 할 때이
므로 중국의 통일문제는 우리나라의 독립전취와는 밀접한 관계가 있음을 알게
된 우리는 중국 통일을 위하야 이역창공에서 맹렬히 활약하였고 그 후 중일전
쟁이 발발하자 우리 항공인들은 동아의 침략자 일본제국주의를 타도하는 데 큰
공훈을 세웠든 것이다. ….

이 글에서는 서왈보, 권기옥, 전상국, 김진일, 장성철, 김은제, 김영재, 최양성, 손기종, 염온동 등 한국인 비행사를 언급하고 있다. 위 글에서 중요한 것은 중국 항공대에서 근무하는 한인 비행사들의 동기가 명확하게 적시되어 있다는 점이다. 즉 중국의 통일문제와 우리나라의 독립전취와 밀접한 관계가 있다는 생각이며, 그래서 또한 중일전쟁이 발발하자 우리 항공인들은 일본제국주의자들을 타도하는 데 공훈을 세웠다는 내용이 바로 중국으로 망명하여 중국 항공대에서 활약한 한인 비행사들의 항일독립운동의 의지를 그대로 보여 주는 것이다.

국내 관련 자료에는 '김연기 비행사'에 대해 언급된 적이 거의 없었다. 『한국항공우주과학기술사』[103)에 제1장 과학화활동과 한국항공의 여명기라는 제하의 해방 전 우리나라 항공역사 글에 '김연기 비행사'의 언급이 없었고 『월간공군』(공군본부 작전국, 1950년 5월)에 실린 '우리나라 항공역사'에서도 '김연기 비행사'의 언급은 없었으며 보훈처 공훈록에도 아직 등재되지 않은 것으로 보인다.

---

103) 한국항공우주학회, 1987년.

그리고 또 한 명의 인물. 1935년 조선총독부의 사상정세시찰보고 집에 실린 '김영호 비행사'(思想情勢視察報告集, 中華民國在留不逞鮮人의 動靜, 소화 10년, 1935년) 역시 공훈록에 등재되지 않았으며 국내 관련 자료에는 역시 언급된 바가 없다. 일본제국협회 발행 1935년판 항공 연감 453쪽에 김영호가 나고야[名古屋] 비행학교 출신임을 알 수 있는 비행사 명단이 있다.

필자는 임도현 비행사 관련 글을 쓰면서 김연기 비행사와 김영호 비행사의 기초자료들을 확인할 수 있었다.

아울러 임도현 비행사 전체 행적에서 확인이 부족한 부분이 있지 만 현재까지 확인된 자료, 첫째, 1931년 12월 다치가와 비행학교에서 비행기로 탈출한 사실이 적시된 1936년 임도현 비행사 관련 판결문 ("비행술 수업 중 훈련을 중지하고 지나 상해로 도항")의 내용이 중국 으로 건너가 유주항공학교 교관이 되었다는 자필 이력의 내용과 일 치하며, 둘째, 1931년 12월 제주도 주민들이 제주도 조천면 상공에서 비행 중인 4대의 비행기들을 목격한 증언, 셋째, 목격자 중 신정환 여 사(제주도민, 83세, 생존)가 비행기에서 떨어진 보따리에서 임도현 비 행사 옷가지와 임도현 비행사 부모 앞으로 보내는 서찰을 발견하고 임도현 비행사 부모에게 건네주었다는 증언이 있으며, 넷째, 1937년 동경 경시청 비밀 탐문자료 경시청 정보 선고비(鮮高秘) 제1199호에 실린 감시대상자들인 대만, 조선인 일본비행학교 출신들 명단에 '임 도현' 이름이 적시되어 있으며, 다섯째, 유주100년사 홍보책자 『유주 20세기도록』에 실린 유주육군항공학교 중국군 장교 복장의 '임도현 비행사' 사진이 자필 이력서의 내용과 일치하고 있다. 여섯째, 임도현 비행사 두개골에서 총흔 발견(제주대 법의학팀 조사, 2009.6.14), 이 총흔은 1932년 중국군 장교로 있을 때 동지철도 부근에서 일본군들과 조우하여 교전을 벌이다 생긴 것이라는 자필 이력서의 내용과 또한 일치하고 있다. 일곱째, 4번의 피체와 2번의 탈출, 2번의 탈출 실패와 연금과 관련된 제주도민들의 증언과 자필 이력서 내용 등 자료만으로도 충분히 독립운동 공훈대상이 되고도 남는다고 판단된다.

다시 임도현 비행사의 다음 행적으로 넘어가자. 임도현 비행사도 항공에 각별한 관심을 갖고 있던 장개석 원수와 대면했을 가능성이 매우 높다고 판단된다. 관련 증언을 들어 보자.

> 1940년 말, 제주로 압송되어 일본 총독부 감시하에 있을 때에도 고문으로 인해 쇠약해진 임도현을 위해 의약품과 책, 편지까지 직접 써서 보낼 정도로 장개석 원수의 각별한 信任하에 있었다.[104)

> 제주 4·3으로 인해 장개석 총통과 함께 찍은 사진만도 수십 장 있었지만 모두 소각되어 없어졌다.[105)

하지만 이 기간의 임도현 비행사 행적에 대한 의문도 없지 않다. 첫째는 1933년 12월 제주도 귀향을 위해 상해로 간 연유에 대해 이해하기 어려운 부분이 있다. 큰 뜻을 품고 중국으로 망명한 사람이 자신을 잡기 위해 혈안이 되어 있는 상황에서의 귀국행은 지극히 위험한 행동이 아닐 수 없다. 부모가 보고 싶다거나 고향을 가보고 싶은 마음은 헤아릴 수 있지만 수많은 독립운동가, 망명객들의 처지가 그러한대도 쉽게 조선으로 귀국한 경우가 흔하지 않다. 두 번째는 1933년 12월 상해로 갔다가 체포된 전후 행적이 이어지지 않는다. 앞의

---

104) 金玉熙, 80세, 제주 조천.

105) 李洙星, 82세, 제주 와흘.

증언에서 보면 육해군대학 입학 전에 제주도를 다녀오기 위해 상해로 갔다고 했는데 육해군 대학 입학과 수료가 한 해인 1933년으로 되어 있다. 이 부분에 대한 명쾌한 자료가 없어 자필 이력서의 내용을 정확하게 확인할 길이 없다.

세 번째는 여타 한인 비행사들과의 만남이 이루어졌는가 하는 점이다. 다른 한인 비행사들과의 만남은 자연스러운 것일 텐데 이에 대한 언급이나 관련 자료는 보이지 않는다. 1951년 6·25전쟁이 한창인 때 최용덕 비행사는 해방 전 중국에서 활약한 항공 독립운동가들을 회상하는 글을 남겼다. 여기에는 중국에서 활약하던 우리 항공인들의 이름들이 소개되지만 임도현 비행사에 대한 언급은 없다. 최용덕의 "중국에서 활약하던 우리 조인들" 전문(全文)은 부록 5에 수록하였다.

사진(좌) 중국 남경시 남경항일항공열사공묘 내에 있는 기념비 전면의 모습[06]
사진(우) 중국 남경시 남경항일항공열사공묘 내 조성된 한국인 조종사 비(碑)
이 비에는 중화민국 공군에서 활약하다 전사한 전상국과 김원용 조종사 이름이 새겨져 있다. 전상국은 중일전쟁 중 폭격대대 중대장으로서 32회 출격하여 폭격, 수송임무를 수행하다가 1938년 6월 전사, 김원용은 중화민국 항공대 제5대대(중미연합항공대) 제29중대 소위(3급) 전투기 조종사로서 활약하다 1945년 3월 24일 순직하였다.[07]

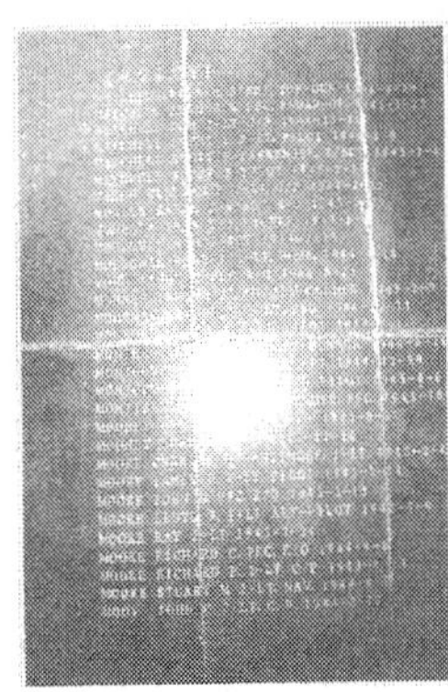  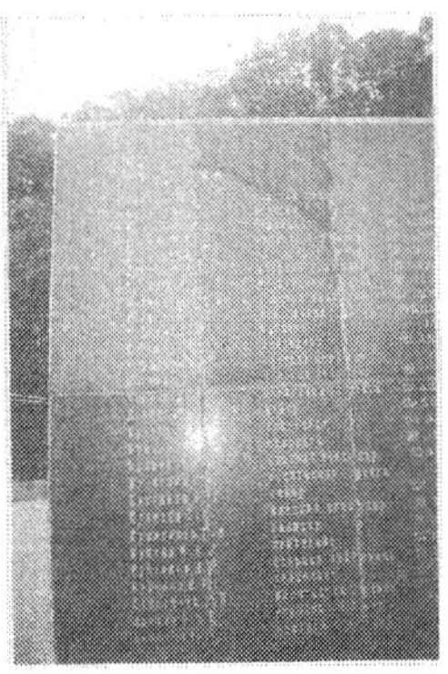

(좌) 중국 남경시 남경항일항공열사공묘비 중 미군 조종사비
(가운데) 중국 남경시 남경항일항공열사공묘비 중 중국군 조종사비
(우) 중국 남경시 남경항일항공열사공묘비 중 소련군 조종사비

소련, 미국, 중국, 한국 등 중일전쟁 기간 중국 항일 공중전에 참전한 소련 236명, 미국 2,186명, 중국 880명, 한국 김은제, 전상국, 김원영 등 모두 3,305명의 조종사들이 전사하였다.

---

106) 2006년 10월 필자가 촬영.

107) 上同.

동지철도(東支鐵道)에서 일본군과
전투 중 총상을 입다

1933년, 윤봉길 의거 연루 혐의로 압록강 국경에서 체포되었을 당시 비행기로 탈출한 장본인이라는 사실이 드러나면 일본으로 압송될 위기에 놓였던 임도현 비행사는 다행히 윤봉길 의거와 연루된 혐의가 없다는 판정을 받고 풀려났다. 중경으로 돌아간 임도현 비행사는 중국군 장교로서 실전 경험을 쌓기 위한 일환으로 전선에 배치된다.

1934년 26살이 된 젊은 중국군 장교 임도현은 중국 장개석 원수 휘하의 중앙군사정부 예하에 소속되어 있으면서 육해군 대학 졸업 후, 전방실습과정에서 소만국경지역의 동지철도(東支鐵道)에서 수비 근무를 한다. 이곳은 일본군과도 대치하고 있는 최전방이었다. 임도현 비행사가 근무 중 일본군과 조우, 교전을 벌이다 총을 맞는다. 유골의 사진에서 보는 총흔의 위치를 보면 총탄에 직접 맞은 것보다는 유탄에 맞은 것이 아닌가 조심스럽게 추정해 본다.

그 교전 상황에 대해서는 임도현 비행사의 자필 이력서를 봐야 할 듯하다.

1934년 영(   )과분교인 이 학교를 수학 수료하고 소만국경 동지철도 수비 중 일, 영, 불 합군이 동지철도에 침략하여 동시에 나는 미소, 소, 독, 청과 같은 편의 보호자로 일, 영, 불을 반대하고 있던 중, 먼저 소련 군대의 사격발포로 시작된 전투에서 수많은 사람들이 죽어가는 중, 나는 철 상자에 코끼리 고기를 등에 업고 있었던 덕분에 뒤에서 쏘는 총알을 막을 수 있게 되어 양팔 꼴격이 부상하였으나 가운데 심장부로의 관통은 예방되어 죽음으로 가는 것을 막고 또 좌측 어깨 상골이 총탄 사격으로 부상하고 또 권총 사발탄환으로 좌측 눈썹 쪽 머리위쪽 뼈가 부상하여 의식을 잃은 뒤 병상에서 생명을 구하고 1935년 일본에 입국하야 일본비행학교에 입학하였습니다.[108]

급히 상해로 후송되어 총알을 빼고 치료를 받아 다행히 목숨을 건진다. 이 상황에 대한 임도현 비행사 자필 이력서 내용은 이렇다.

또 권총사발탄환으로 좌측 눈썹 쪽 위쪽 머리뼈가 부상당하여 의식을 잃은 뒤에 병상에 관하야 생명을 구하고[109]

임도현 비행사의 조카 임정범 씨는 임도현 비행사의 행적을 추적하는 과정에서 임도현 비행사의 자필 이력서 내용대로 총상이 있는지를 확인하기 위하여 2009년 6월 14일, 임도현 비행사의 유골을 파내 총상의 흔적을 확인하였다. 그리고 제주대 법의학 교수팀에 의뢰하여 유골을 검시하도록 하였다.

이 총상은 임도현 비행사에게는 또다시 험난한 여정의 발단이 되어 버린다. 긴급 수술로 목숨을 구했지만 부상 후유증으로 상해에서

---

108) 壹千九百三十四年 英( )科分校分校 此의 修學의 修了하고 蘇滿國境 (寶)(蒙)古淮도( )件射發 東支鐵道 守備 中 日英佛 合軍의 東支鐵道에 買渡하야 同時에 我는 美蘇獨淸의 思想(통일된 생각과 판단 체계)保護者로 日英佛을 反對하고 有中 先動蘇聯軍隊의 射擊發 戰爭 數萬殺中 我는 鐵箱에 象肉을 背負德分 後射銃彈丸의 防止에 背後腕兩 骨板 負傷, 中貫通豫防되야 死去을 防命하고 又左肩上骨 銃射 發彈丸의 負傷하고 又拳銃射發彈丸으로 左(右)目眉上骨이 負傷하고셔 神病傷에 關하야 生命을 救하고 壹千九百三十五年 日本에 入國하야 日本飛行學校에 入學하야 ()하얏십니다.

109) 又 拳銃射發彈丸으로 左目眉上骨이 負傷하고셔 神病傷에 關하야 生命을 救하고.

휴식을 취하며 지내지만 더 큰 불행의 그림자가 다가오고 있음을 그
는 전혀 눈치 채지 못했던 것 같다.

이력서 근거로 무덤 유골에서 '총알구멍'을 찾아내어 일군과 전투 중 '총상' 입었음을 확인함. 이 유골검시는
2009년 6월 14일 제주대 법의학 교수팀에 의해 이루어졌다. 임도현 비행사 자필 이력서의 내용에는 "또 권총사
격탄환으로 좌(우)목총상골이 부상하고셔 신병상에 관항야 생명을 구하고'''"라고 되어 있다.

탈출했던 다치가와 비행학교에 두 번째로 입교하게 되었다.

1935년 일본에 입국하여 일본비행학교에 입학하였습니다.112)

임도현 비행사의 다치가와 비행학교 입교는 일종의 처벌이었다. 감시 속에서 '가미가제'에 준하는 특수 군사훈련을 받도록 되어 있었다. 일본의 전쟁 말기 반인륜적 전쟁행위였던 '가미가제'가 1935년도에 언급된 것은 이례적이다. 임정범 씨는 그 근거를 중앙조선일보 기사에서 찾아냈다.

이 기사에는 "인간폭탄으로 일본은 세계공략(미국비행가의 증언)"이라는 제하에 "일본에는 유사시에 생명을 버릴 각오의 비행가가 1,000명이 있을지 모른다"라든가 "일본에서는 폭탄 내부에 인간이 들어가고 또 자유로 폭탄의 방향을 조종하여 목적물을 폭파할 연구가 완성되었다"113) 등의 기사내용이 실려 있다.

---

112) 壹千九百三十五年 日本에 入國하야 日本飛行學校에 入學하야 ( )하얏십니다.

113) ≪중앙조선일보≫, 1935년 12월 10일. 人間爆彈으로 日本은 世界 攻略(米國飛行家의 證言) "日本에는 有事之時에는 (生)命을 捨(버릴사)할 覺悟의 飛行家는 壹千人이 잇슬지 모른다. 日本에서는 爆彈 內部에 人間이 들어가고 또 自由로 爆彈의 方向을 操縱하야 目的物을 爆破할 硏究가 完成되었다고 한다."

35년도 가미가제에 준하는 교육이 있었던 것으로 판단되는 소화 10년(1935년) 12월 10일자 조선중앙일보. 이 신문에 "인간폭탄으로 일본은 세계공략 미국비행가의 증언"이라는 제하의 기사가 있다.

　　그러나 다치가와 비행학교에서 임도현 비행사가 실제 가미가제식 비행훈련을 받게 되었는지에 대해서는 근거 자료가 없어 필자는 개연성이 있을 것으로 보지만 단정해서 말하기는 조심스럽다.

첫 번째 탈출과 세 번째
피체(被逮)

✈ 첫 번째 탈출, 제주도 고향으로 가다

임도현 비행사는 비행학교에 강제 입교했지만 머리에 입은 총상
후유증 때문에 제대로 훈련을 받지 못했다. 그는 때를 기다리며 탈출을
시도하여 성공한다. 감시를 뚫고 다치가와 비행학교에서 구체적으로
어떻게 탈출했는가 하는 자세한 경위는 알 수 없다. 그는 제주도로
밀입국하여 마을과 동떨어진 오름에 반 지하식 움막을 짓고 숨어 살
며 중국으로의 재망명을 모색하게 된다. 이와 관련된 증언을 들어 보자.

> 비행학교에 재입교했지만 머리에 입은 총상이 완치되지 않은 상태였기 때문에
> 훈련을 차일피일 미루다 몰래 빠져나온다. 고향에 와서는 일본순사를 따돌리기
> 위하여 벼룩 오름이라는 작은 목초 밭 중간에 반 땅굴 식 움막을 짓고 숨어살
> 며 중국으로 탈출의 기회를 엿보고 있었다. 그렇게 지내오던 중 뜻하지 않게
> 문중일로 인하여 어이없게 다시 감옥생활을 겪게 된다.[114]

---

114) 임남호(任南鎬), 1923년생, 1985년 亡, 제주 와흘.

✈ 세 번째 피체(被逮), 문중 고소사건에 휘말리다

제주도로 숨어 들어와 은거하며 지내면서 중국 망명을 모색하던 중 임도현 비행사는 또다시 불운을 맞는다. 첫 번째 불운이 소만국경 지대에서 일본군과 조우로 교전을 벌이다 총상을 입은 것이라면 두 번째 불운은 상해에서 총상으로 휴식 중 친일파 조선인의 밀고로 일경에 붙잡힌 일이다. 세 번째 불운이, 이 은거 중에 생겼으니 문중 고소사건에 휘말린 일이다. 어쩌면 중국으로 재차 망명을 앞둔 임도현 비행사로서는 문중 선묘 묘택 문제로 친척 간 분란이 일어났다고 해서 이를 해결하려고 나선 것은 커다란 실책이 아닐 수 없다.

1935년 이해(利害)를 달리하는 친척이 임도현 비행사를 '공갈(恐喝)' 혐의로 고소하였다. 그리고 동년 10월부터 다음 해인 1936년 5월까지 경찰에 수인된 채로 고문과 취조를 받는다. 이 과정에서 임도현 비행사가 다치가와 비행학교 출신이라는 점, 중국군 장교로 복무했던 점, 도항사건으로 다치가와 비행학교에 재판을 받고 강제입교를 한 점과 밀항하여 제주도로 와 있는 사실들이 모두 드러난다.

일본 입장에서 골치 아픈 '요주의 인물'이 체포된 것은 횡재가 아닐 수 없다. 더군다나 자칫 '영웅적 인물'로 부각될 수 있는 자를 '형

---

115) 이수성(李洙星), 82세, 제주 와흘.

편없는 파렴치범'으로 만들어 버리기에 더없이 좋은 기회를 맞이한 것이다. 일경은 친척을 공갈(恐喝)하고 일경을 무고(誣告)하였다는 이유로 징역 10개월을 구형하고 목포형무소 독방에 수감시켰다. 판결문 내용은 다음과 같다.

공갈, 무고죄로 소화 11년 5월에 징역 십 개월에 처함.[116]

이 중 무고죄에 대한 조카 임정범 씨의 설명은 "일본 순사가 임도현 의도와는 전혀 무관하게 원고를 '공갈'했다고 하자, 임도현 비행사가 총독부에 있는 높은 사람들에게 임도현을 고문하는 일본순사의 비리를 편지로 써서 억울한 사연을 폭로한" 사실을 말한다. 임도현 비행사의 정체가 밝혀진 마당에 일본 측이 그런 인권적 차원에서 배려할 여지는 없었을 것이다.

이와 관련한 증언을 들어 보자.

결국 임도현은 동료규합 비행기 탈출과 책임을 묻지 않고 재입교하여 가미가제에 준하는 특수임무 교육 중 몰래 빠져나와 숨어 있던 일이 탄로가 나게 되었으며, 문중 일로 고발당한 건은 일본경찰에 구속명분을 만들기 좋은 명분이 되어 버렸다. 성질이 죄질과 전혀 다른 가혹한 수사를 일방적으로 받게 된다.[117]

경찰에 구금된 상태에서 잠도 재우지 않고 물고문부터 전기고문까지 몇 번이고 실신하는 등 의식을 잃을 정도로 잔혹한 고문을 받았다. 그렇게 인사불성이 된 상태에서 증거가 없어도 엉뚱한 죄를 뒤집어씌워 전혀 무관한 내용으로 자백을 강요하자 불복하였는데, 더욱 날조된 죄명으로 변론도 없이 최종 판결을 받게 된다.[118]

---

116) 恐喝, 誣告 罪로 昭和十一年五月에 懲役十個月에 처함. 임도현 비행사 자필 이력서 중에서.

117) 任南鎬, 1923년생, 1985년 亡, 제주 와흘.

118) 上同.

취조기간만 약 7개월, 징역 10개월 등 모두 1년 5개월간 일경에 지독하게 시달리게 된다. 이렇게 누적된 고문의 후유증과 1944년에 탈출하다가 붙잡혀 인두로 지지는 고문을 받은 후유증이 결국 40초반의 임도현 비행사를 요절하게 만든 요인이 된다.

자필이력서에 이 당시 행적에 대한 언급에서 나오는 '해방 후'란 1945년 나라의 광복이 아니라 1935년에 고소로 붙들려 들어가서 가두어 놓은 채로 고문을 받다가 감시하에 집으로 잠시 귀가조치를 했으나 얼마 후 다시 송환하여 재판에 회부하여 1936년도에 징역형을 선고받고 목포형무소에 수감되었다가 풀려난 것을 뜻한다.

일경은 임도현 비행사를 완전히 매장하기 위하여 도항 후 중국군으로 복무한 경력을 들어 '공산주의자'로 몰았다. 이 부분에 대하여 임도현 비행사는 자필 이력서에 이렇게 기록하였다.

그러나 일경의 의도대로는 되지 않은 듯하다. 자필 이력서 내용으로 볼 때 공산주의자로 몰았으나 말려들지 않아 좌익운동 혐의는 벗은 것으로 간주된다. 그러나 무고죄는 인정되어 버렸다.

---

119) 임도현 비행사 자필 이력서 中에서. *해방 後 三六年 懲役*(해방 후 36년 징역).
120) 上同. *上又左右翼 無關.*

우 3명이 임○○으로부터 뇌물을 수교한 사실이 없이 피고인 스스로 추호도 명백한 범죄사실을 검인하지 않았음에도 불구하고 우 3명으로 하여금 형사 또는 징역의 처분을 받게 하도록 할 목적으로써 범의를 계속하여 피고인 견서자택에 있어서 피고인 자기의 서명날인을 쓰고 위조하였다.[121]

1년 5개월을 그것도 일경의 고문과 차가운 감옥에서 형을 살고 1937년에 풀려난다.

감옥으로 일본법에 의하여 목포형무소에 복역으로 집행하여 1937년 출옥하였습니다.[122]

고문과 차가운 감옥에서의 생활은 길고 긴 시간이었다.

목포형무소에 수감되어서도 독방에서 힘들고 자유롭지 못한 형무소 생활이 이어졌다.
가족들이 면회를 가면 제주에서 취조 시에는 가끔 접견이 허락되었으나 재판 후 목포형무소 옥살이부터는 일체 접견 자체가 허락되지 않았다. 교도관에게 가족들이 배 타고 먼 제주에서 왔다고 간절히 애원을 하여도 상부의 명이라면서 접견이 허락되지 않아 10개월의 옥살이 동안 한 번도 면회가 이루어지지 않았다.[123]

---

121) 1936년 임도현 비행사 공갈 무고죄 판결문 내용 中에서. 右三名이 任○○로부터 賂物을 收交한 事實이 없이 被告人 스스로 秋毫도 明白한 犯罪事實을 檢認하지 않았음에도 不拘하고 右三名으로 하여금 刑事 又는 懲役의 處分을 받게 하도록 할 目的으로써 犯意를 繼續하여 被告人 肩書自宅에 있어서 被告人 自己의 署名捺印을 쓰고 위조하였다.

122) 임도현 비행사 자필 이력서 中 관련 내용. 獄으로 日本法에 依하야 木浦刑務所에 服役으로 執行하야 壹千九百三十七年 出獄하얏십니다.

123) 任道貞, 1911년생, 2008년 亡, 제주 와흘.

✈ '독립운동가'를 '파렴치범'으로 조작하다

임정범 씨는 이렇게 파렴치범으로 몰아가 '형편없는 인간'으로 만들어 버린 일본 측의 의도를 자세하게 분석, 해석하였다. 공갈죄를 만들기 위해 조작한 내용은 첫째, 판결문에 적힌 대로 "비행학교 재학 중 비행술 수업 중, 지나 상해로 도항"[124]한 사실, 그리고 "동 주재 영사관으로부터 송환시켰다"[125]라는 사실과 역시 판결문에 적힌 대로 "금 4, 5십 원 정도의 차용을 요청, 금 2원은 잔별금―학자금 오백 원 차용 등―임○○를 공갈하고 금액을 교부케―건설비용을 임 1인에 부담케 하고 비용 금 이십 원으로서 건비―비용금 60원을 청구 일면―만약에 금 삼백 원을 제공―자금을 제공케"[126]라는 식으로 억지로 아무 상관도 없는 두 사건을 관계있는 것처럼 연결시켜 판결문을 작성하여 '공갈죄'를 만든 것이다.

그 다음 '무고죄'를 만든 과정을 판결문 내용을 분석하면서 살펴보자. 임도현 비행사에게 '무고죄'를 뒤집어씌운 연출자들은 우방호(牛坊好), 희일랑(喜一郎), 하필수(河弼洙) 등 일본순사들과 총독부 정무총감, 전남경무국장, 제주경찰부장 등 고위간부들 그리고 임도현 비행사 담당 판사 등이다. 임도현 비행사는 문중 묘택 문제로 친척으로부터 고발을 당하면서 비행기 탈출, 중국군 복무경력 등 자신의 정체가 모두 탄로 난다.

---

124) 立川飛行學校 在學 中―飛行術 修業 中에 支那(중국)上海로 渡航. 1936년 임도현 비행사 관련 판결문 중에서.

125) 同地 駐在 領事官 送還. 1936년 임도현 비행사 관련 판결문 중에서.

126) 金四, 五十圓程度의 借用을 要請 金二圓을 餞別金―學資金 五百圓 借用등―任○○를 恐喝하고 金額을 交附케―建設費用을 任一人에 負擔케하고―費用金二十圓으로서 建碑―費用金 六十圓을 請求 一面―萬 若에 金三百圓을 提供. 1936년 임도현 비행사 관련 판결문 중에서.

일본경찰의 고문을 받자 임도현 비행사는 총독부 고위직에 편지를 써서 일본경찰들의 탄압사실을 고발한다. 그러나 임도현 비행사의 정체를 알고 있는 일본 입장에서 그런 인권 차원의 호소편지를 곧이곧대로 받아줄 리 없었다. 이번에는 그 서찰을 근거로 아무 죄 없는 일본경찰들을 무고했다 해서 '무고죄'를 만든 것이다. 하소연할 곳이 없던 임도현 비행사는 지푸라기라도 잡는 심정으로 일본 고위급 간부들의 이성적인 판단과 선처를 기대했던 것이지만 결과적으로는 무모하고 한편 억울하고 분한 '호소편지 소동'이 되고 만 것이다.

무고죄의 판결문 내용은 "조선총독부 전라남도순사 우방호, 희알랑, 하필수 등 3명이 고의로 피고인 때문에 이 수사를 불이익하게 취급하는 것처럼 억측으로 불만의 생각을 품고 우3명이 임○○로부터 뇌물을 수교한 사실이 없는데"127)라는 표현대로 '무고죄'를 만들어 버린다.

그런데 임도현 비행사의 공갈, 무고죄에 대한 판결과 옥살이는 논란이 되는 대목이다. 즉 공갈, 무고죄로 형을 살았던 사람을 독립유공자로 인정할 수 없다는 주장이 있다는 것이다. 임정범 씨는 그런 주장에 대해 일고의 가치도 없다는 입장이다. 즉 일본이 임도현 비행사의 항일운동가라는 정체를 알고 파렴치범으로 몰아가는 의도를 전혀 읽어 내지 못하는 주장이라는 것이다. 임정범 씨는 조목조목 반박한다.

---

127) 순사 牛坊好, 喜一郞, 河弼洙 同三名 被告人 때문에 이를 不利益하게 取扱하는 것처럼 臆則으로 不滿의 생각을 품고 右三名이 任○○로부터 賂物을 收交한 事實도 없는데. 임도현 비행사 판결문 내용 중에서.

✈ 국가기록원은 임도현 비행사 관련 판결문을 '독립운동
자료'로 판단했다.

첫째, 위의 판결문에 대한 자료 요청에서 국가기록원은 공갈 무고
죄의 판결문이라면 직계가 아니면 내줄 수 없다고 말했다고 한다. 그
러나 임도현의 공갈 무고죄의 판결문 안에는 독립활동과 관련이 있
는 내용이 들어 있어 독립운동 관련 문건으로 분류할 수 있기 때문에
직계가 아니라도 해당 판결문을 자료요청대로 임정범 씨에게 송부하
였고 그는 그 판결문을 확보할 수 있었던 것이다. 즉 국가기록원이
해당 판결문을 직계가 아닌 자에게 송부한 것은 단순 '공갈무고죄'가
아닌 '독립운동 관련 내용'이 인정된다는 입장이라는 점이다. 국가기
록원은 공갈무고의 판결내용보다는 '비행술 수업 중 지나 상해로 도
항'에 정확히 주목한 셈이 된다.

둘째, 임도현 비행사에 대한 1936년도 판결에 대해 임정범 씨는
2005년도 ≪동아일보≫ 1월 7일자 신문에 보도된 바와 같이 "폄하하
기 위한 판결문이다"라고 말하고 있다.

임도현은 특 1급에 해당하는 요시찰인으로 '경시청 감시 목록', '판결문', 중국
'광서항공학교 중책을 맡고 있는 사진'에 이어 '유주100년사홍보책' 등에서 누
가 보더라도 거물급임에 토를 달지 않고 있음에 비해 '폄하의 목적'이 있다고
사료된다. 즉 윤봉길은 흉악범, 김좌진 장군은 강도범, 일본보조원 사살한 강두
필은 강도 살인 행위로 깎아내리는 것과 일맥상통한다고 사료된다.

셋째, 임정범 씨는 친척에 의해 공갈죄로 고발당한 상태에서 일본
경찰 3명이 원고 측으로부터 뇌물을 받고 강압수사를 하였다고 주장

한다. 그리고 임도현 비행사가 이 부분에 대해 역고발한 것이 무고죄로 돌아온 것이라고 하였다.

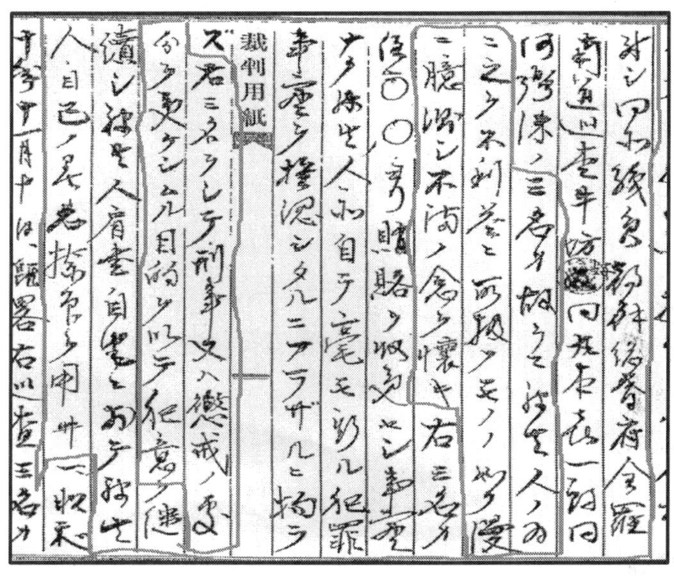

일본 경찰 3명이 뇌물을 받고 강압 수사를 역고발한 것이 '무고'죄가 된 판결문

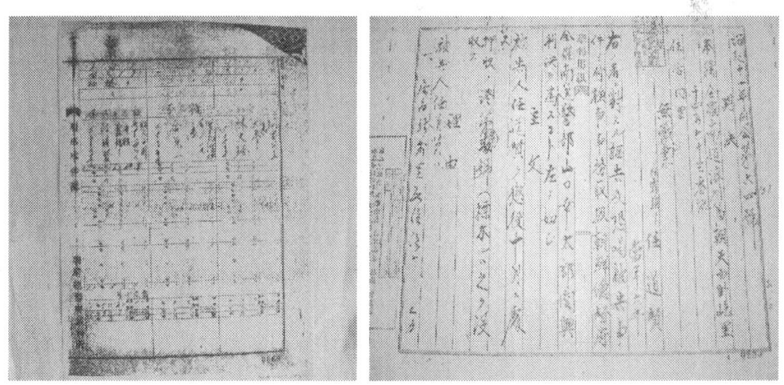

임도현 수형인 명부판결문 표지

넷째, 이 부분이 가장 중요한데 앞선 잠깐 언급했듯이, 판결문 내용 중 '도항사건'과 '공갈혐의'를 억지로 연결시킨 대목이다. 아마도 이것이 결정적으로 임도현 비행사를 '파렴치범'으로 몰아넣고자 했던 일본 측 의도가 분명하게 읽히는 부분이라고 판단된다.

판결문 내용 중에 "소화 6년(1931년) 입천(立川) 비행학교 재학 중 임○○가 돈을 빌려주지 않았기 때문에 비행술 수업 중에 지나 상해로 도항하였으나 도항 주재 영사관으로부터 송환시켰다"라는 내용이 있다. 이 내용을 판결문 표현대로 "사사로이 개인이 돈을 안 빌려 주었기 때문에" 3년 동안 끝까지 추적하여 그것도 국가기관인 일본영사관에서 체포하여 송환시켰다는 것이다. 일본제국이 대륙침탈에 온 힘을 기울이고 있던 때에 제주도 섬에서 벌어진 식민지인들의 사적인 돈 관계 때문에 일본영사관이 나서서 당사자를 체포하여 송환했다는 것은 말이 되지 않는다. 일본이 임도현 비행사를 위험인물로 파악하여 그를 이참에 형편없는 인물로 만들기 위한 일본경찰과 판사들의 '조작'된 '해프닝'인 것이다.

비행기로 도항한 사건을 사사로운 돈 관계라는 치부로 형편없이 깎아내린 것은 일본경찰과 일본판사들이 사전에 임도현 비행사를 파렴치범으로 만들기 위한 각본에 의해 짜놓은 말장난에 불과하다고 볼 수 있다. 임정범 씨는 이 판결문 내용은 한마디로 '동문서답' 판결문이라고 하였다. 그는 말한다.

"판결문대로라면 일본제국주의자들이 상해에서 강제 송환시킬 이유가 0.1%도 없는 겁니다. 공갈죄로 고발한 친척 임○○가 돈을 안 빌려 주었기 때문에 중국으로 날아갔다는데, 일본영사관에서 강제로 송환시킬 이유는 없습니다. 즉 1931년 당시 개인끼리 돈 거래가 있었던 것도 아닌데 일본 공관이 할 일 없이 끼어들어 송환시킬 이유는 없다고 봅니다."

✈ 보훈처는 임도현 비행사 관련 자료들에 대해 다시 심사해야 한다

　이 대목에서 또 다른 논란거리의 쟁점이 드러난다. 보훈처는 일본 영사관에서 도항사건으로 강제송환된 것을 대수롭게 생각하지 않으며 더군다나 판결문에 나타난 "비행 중 지나 상해로 도항"한 것을 비행술 훈련 중 비행기에서 내려 배를 타고 중국으로 건너갔다고 해석한 점이다. 이러한 보훈처의 해석은 다음 두 가지 근거로 상식적으로 받아들이기 힘든 해석이라 볼 수 있다.

　첫째, 자기 발로 임도현 비행사가 비행훈련을 중단하고 비행학교를 나와 배를 타고 중국으로 건너간 것이라면 이 행동에 대해 붙일 죄목이 없다. 그러나 밀고자에 의해 '도항사건의 장본인'으로 확인되어 상해 일본영사관에 의해 일본에 강제 압송된 것은 그 어떤 죄가 있다는 것이고 그것은 바로 일본 측 입장에서 보면 '비행기를 타고 도주한 죄'인 것이다.

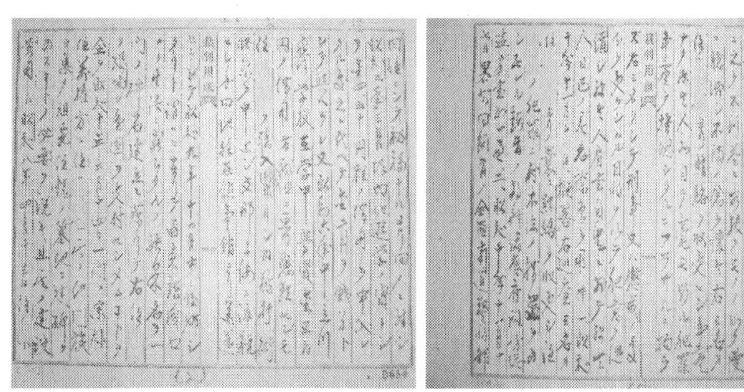

비행기를 몰고 탈출한 내용의 판결문 내용	무고죄 내용이 담긴 판결문 내용

둘째, 보훈처는 당시(1931년) 일본이 보유한 비행기 성능으로 보아서 비행기를 타고 중국으로 건너갈 수 없다고 주장했지만 1931년 12월 초 제주도 조천면 상공에서 주민들에 의해 목격된 4대의 비행기의 정체를 해명할 길이 없게 된다.

또한 제주도 조천면 상공에 나타난 비행기 중 한 대가 선회를 하면서 보따리를 떨어트렸다. 그 포대기를 주민 신정환 여사가 주워 보니 임도현 비행사가 입던 옷가지와 임도현 비행사 부모 앞으로 쓴 두루마리 서찰이 들어 있음을 확인하고 이를 임도현 비행사 부모에게 가져다주었다. 이것 또한 보훈처의 해석대로라면 해명할 방법이 없다. 만약 배를 타고 임도현 비행사가 탄 배가 설사 북제주의 해안 가까이 항해한다 쳐도 임도현 비행사가 배에서 던진 보따리가 조천면 와흘리 들판에 떨어졌을까.

셋째, 도대체 그 '보따리'의 정체는 무엇일까. 유족들이 과연 임도현 비행사를 유공자로 만들기 위해 조작된 증언의 내용일까. 독자 여러분들도 그렇게 의심이 드는가. 하늘나라 선녀가 임도현 비행사의 옷가지를 훔쳐 가지고 하늘로 올라가다가 떨어트린 보따리일까. 보훈처는 임도현 비행사가 배로 도항했다고 주장하지만 이 주장은 이 보따리의 정체를 설명하지 못하는 결정적인 자기모순에 빠진다. 앞뒤가 맞지 않는 설명이 되는 것이다. 이도저도 아니면 하늘에서 떨어진 보따리는, 비행기에서 투하한 것이 분명한 것이 아닐까. 다시 말해 1931년 12월 제주도 조천면 상공에서 제주도민들이 목격한 비행기들은 동경 다치가와 비행학교에서 날아온 비행기들일 수밖에 없다는 결론에 이르게 된다. 그리고 주민들이 목격한 비행기들이 서쪽으로 사라졌다고 하는데 제주도에서 상해까지는 망망대해가 펼쳐진다. 비행기들은 곧장 상해로 날아갔다는 것을 말한다.

당시 일본이 보유한 비행기 성능에 대해서는 앞에서 자세히 소개하였으므로 생략하기로 한다. 이 장에서는 의기 넘쳤던 한 젊은 독립운동 비행사를 '파렴치범'으로 몰아 버려 매장시키고자 하였던 일본의 교활하고 잔인한 행위를 살펴보았다. 또한 역사적 증언이 어느 때는 확인 불가능하여 신뢰성을 주지 못할 때도 있지만 신정환 여사의 비행기 목격과 하늘에서 떨어진 보따리를 주워 임도현 비행사 부모에게 전달한 사실의 증언은 1936년도 비행기로 도항한 사실이 적시된 판결문의 내용과, 중국유주100년사 중국육군항공학교 관련 사진 속 중국군 복장의 임도현 비행사 사진과 연결시키면 '동경에서 중국 상해로 비행기를 타고 도항하였다는 사실'을 확인시켜 주는 '결정적인 증언'이 되고 있다는 것도 알 수 있을 것이다.

넷째, 만약 비행기를 타고 간 것을 부인한다면 1931년 12월 초까지도 일본 다치가와 비행학교에서 비행술 훈련을 받던 임 비행사가 같은 해 12월 중국 유주육군항공학교에 있었다는 사실이 설명되지 않는다. 일본에서 중국으로 가는 방법은 일본 시모노세키에서 부산항을 경유하여 기차를 타고 압록강을 건너 중국 유주로 다시 길고 긴 기차 여행을 해야 한다. 두 번째로는 일본 나가사키에서 중국 상해로 가는 배편을 이용하는 것이다. 상해에 도착해도 다시 기차를 타고 유주까지 긴 여행이 기다리고 있다. 이들 교통편에 걸리는 소요시간은 최소한 30일 이상 소요된다고 추정한다. 바로 그렇기 때문에 이 점이 임도현 비행사가 해상이나 육로로 이동하지 않았다는 반증인 셈이다.

안중근 의사, 윤봉길 의사, 이봉창 의사처럼 걸출한 독립운동가의 표상만을 생각하던 독자 들은 이렇게 일본인들의 교활한 술수에 의해 '망가진' 젊은 항일 독립운동가에 익숙하지 않을지도 모른다. 그래서 누군가는 '무슨 독립운동가가 저래'라며 의아해할지 모른다. 사실 그렇게 망가지고 사람들의 뇌리에서 잊힌 독립운동가가 더 많다.

비행사 지망생이었던 김익상은 중국에서 비행학교 들어가는 것을 포기하고 의열단의 단원이 된다. 그는 조선총독부에 잠입하여 폭탄을 던져 일본인들을 공포에 떨게 했으며 상해에서 일본 육군대장 다나카를 저격하였으나 실패하고 체포되어 오랜 수감 끝에 실종된다.

1922년 11월 15일 안창남 비행사의 모국방문비행 관련 기사와 동년 11월 7일 비행사 지망생 김익상이 다나까 육군대장 저격 미수, 총독부 폭탄투척 사건으로 사형선고를 받은 동아일보의 기사다. 똑같이 비행사를 꿈꾸던 한 사람인 안창남은 영웅으로 떠오르고 또 한 사람은 잊힌 인물이 되는 명암이 교차하는 순간이다.

비행사 지망생이었던 김익상이 사형선고를 받고 감옥에 갇힌 시기에, 안창남은 오쿠리 비행학교를 졸업하고 비행사가 되어 모국방문에 오른다. 한 사람은 우리 국민들의 뇌리에서 잊히고, 또 한 사람은 지금까지도 우리 국민의 영웅으로 칭송되고 있다.

≪동아일보≫ 1922년 11월 7일　　　　　　≪동아일보≫ 1922년 11월 15일

두 번째 탈출, 다시 중국으로,
광서항공학교 교관이 되다

임도현은 중국으로 비행탈출하고 간 이듬해인 32년도부터 34년 말까지는 상해에 가면 임시정부에 종종 들려서는 고향소식도 듣곤 하였다. 그러나 항일단체 소속으로 평소 잘 알고 지내면서 허물없이 이야기해 오던 친일 조선 사람의 밀고로 일본영사관에 검거된 것이다. 조선인 밀고자로 인해 중국에서 본국으로 강제 송환과정에서부터 송환된 후 갖은 고문을 겪고 옥살이를 하게 되자 그 후부터는 조선항일단체를 기피하고 거리를 둘 수밖에 없게 된 것이다.[128]

억울한 옥살이를 하고 출감했을 때 임도현 비행사 나이는 어느덧 29살이 되었다. 1937년 3월, 그는 중국 망명을 다시 감행한다. 1년 5개월간 일경에 고문을 받는 등 온갖 모욕적 처사를 받았을 테고 차가운 감옥에서 지내면서 육체적 고통은 또한 적지 않았을 것이다. 그의 가슴속에 차오르는 증오심과 분노도 컸을 것이다. 그의 분노가 얼마나 큰지는 부모가 있는 제주도를 방문하지도 않은 채 곧바로 목포에서 중국으로 향했다는 것만으로도 짐작할 수 있다.

---

128) 任道貞, 1911년생, 2008년 亡, 제주 와흘.

그의 마음은 중국에 있을 때 몸담았던 중국 유주를 향하고 있었다. 그에게는 이 모든 불운이 상해에서 믿었던 동료 조선인의 배신 때문이라는 것이 각인되었을 것이다. 사람이 그런 배신을 당하면 쉽게 믿음이 생기지 않을뿐더러 사람들과 거리를 둘 수밖에 없을 것이다. 두 번 실수는 하지 않는다는 마음으로 그는 중국에서의 활동에서 한인들과 거리를 두기 시작했을 것이다.

임정범 씨는 이 부분에 대하여 "1938년 5월, 일본의 재지불령선인(在支不逞鮮人)의 현황 탐문에 관한 건(現況 探聞에 關한 件)을 보면 김구는 한구에 있으면서 최근 20, 30명의 젊은이들을 홍콩(香港) 방면으로 파견 보내고 있다, 손기주 씨는 장개석 자가용 비행기 기관사로 있다는 등 내용이 있어요. 일본이 감시조사 수준을 넘어 독립운동가들의 활동근황을 정확히 파악하고 있다는 거죠. 그러나 임도현 비행사가 출옥 후 중국으로 다시 망명하여 광서항공학교에서 활동하는 상황은 파악하지 못하고 있습니다"라고 말한다.

임정범 씨는 유주100년사에서 찾아낸 임도현 비행사의 사진에 대해서 이렇게 설명한다. "26개의 사진을 분석하면 교육과정상에 있는 일반사진 16장을 제외한 항공학교의 하사관 이상 모든 장병들이 함께 찍은 사진 1장, 하사관과 사병들이 단체로 찍은 사진 4장, 사관생

---

129) 任南鎬, 1923년생, 1985년 亡, 제주 와흘.

도에 해당하는 사진 3장, 유일하게 장교 집단에 속하는 '사(士)'의 호칭이 붙은 두 개의 사진이 있습니다. 그중 하나는 기초군사반 과정에 속하는 단체사진이고 하나는 지휘부에 속하는 사진입니다. 바로 이 사진에서 임도현 비행사가 함께 하고 있는 사진을 보면 나이가 들어 보이는 장교복장을 하고 있어 지휘부의 사진으로 추정됩니다."

누가 봐도 이 사진 속의 임도현 비행사는 지휘부에서도 상당한 자리에 있다는 것을 알 수 있다. 1931년 유주육군항공학교와 중경에서 중국군 장교로 2년간 복무한 경력이 4년간의 공백에도 무시되지 않았음을 보여 준다. 복귀한 임도현 비행사에게 광서항공학교의 중책을 맡겼다는 것을 짐작할 수 있지만 다만 위의 군복들에 대한 자세한 조사가 추가되었으면 하는 바람이다.

그러나 유주시 100년사에 실린 인물이 임도현 비행사라는 사실은 확실하다. 임도현 비행사를 알고 있는 제주주민들은 사진 속의 인물이 '임도현 비행사'가 틀림없다고 증언하고 있다. 다음 자료는 증언한 제주주민들이 사진 속의 인물이 임도현 비행사라는 사실을 서명 날인하여 준 '서명서'이다.

署名 서

위 사진에서 화살표로 표시되어 있는 가운데 분이 생전에 자주 뵈었던 제주도 조천읍 와흘리 태생의 망 임도현임이 틀림없음을 확인하여 서명합니다.

구분	성명	생년월일	주소	서명(인)
1	金在服	1921. 9. 18	濟州市 一徒1洞 1182-9	
2	[illegible]	1924. 3. 1.	上 仝	
3	고원필	1938. 11. 16	조천읍 와흘리 1484-1	
4	金泰仇	1931. 5. 2	제주 조천읍 와흘리 366	
5	金[illegible]	39. 2. 10	조천읍 와흘리 1436	
6	백[illegible]	1933. 9. 13	제주 조천 와흘리 494. 상동	
7	박성지	1933. 9. 13		
8	백홍민	1936. 12. 3	제주 조천읍 와흘리 1618	
9	[illegible]	1938. 4. 4	제주 조천읍 대흘리 1889	
10	장숙희	[illegible]. 10. 21	제주 조천읍 대흘리 1889	
11	김기정	1932. 9. 1	제주시 조천읍 와흘리 657	
12	김이심	1938. 11. 19	제주시 조천읍 와흘리 1433	
13	김기룡	1932. 10. 13	제주시 조천읍 와흘리 1477	
14	金允季	1934. 10. 10	濟州市 朝天邑 臥屹里 [illegible]	
15	고수성	31. 11. 4	제주 조천읍 와흘리 1483	
16	金[illegible]재	1923. 1. 20	[illegible] 朝天邑 朝天里 2845-6	
17	[illegible]林	1938. 7. 5	제주도 조천읍 신촌리 2027 번지	
18				
19	金[illegible]姬	32. 2. 19	[illegible] 朝天邑 朝天里 [illegible]	

구분	성 명	생년월일	주 소	서명(인)
19	金[illegible]	[illegible]. 1. 8	진주 이도2동 1928-13	
20	白[illegible]	1930. 8. 2	제주시 도남동 51-6	

2008년 서명 당시는 "바로 55년 전의 고향에서 돌아가신 분"이므로 사진 속의 주인공이 임도현 비행사임을 생생하게 기억하고 있는 70세 이상 주민들이 서명한 자료. 임도현 비행사는 1952년 7월에 제주에서 사망하였고 사망 전 1940년부터 12년 7개월 동안은 고향 제주 섬에 있었다. 그 당시 주민들이 임도현 비행사의 얼굴을 못 알아볼 리는 없다.

---

133) 壹千九百三十七年 淸國 北平街 中華大學校 ( )學部에 入學하야 修學하얐습니다. 壹千九百四十年比의 母校을 修學의 修了하얐습니다. 임도현 비행사 자필 이력서 중에서.

네 번째 피체(被逮)

일본이 비행학교 출신 한인 비행사들을 본격적으로 추적한 것은 1938년 5월경부터다. 경시청 비밀감시목록 선고비 제1199호에 전상국, 임도현 비행사와 김연기, 김영호 비행사 이름이 있는 것은 이미 확인되었다. 1941년 임도현 비행사는 일경에 체포되어 삼엄한 경계하에 제주도로 압송되었음은 증언을 통해 확인된다.

일제 치하의 경찰들은 당시 비행조종사는 특1급 요시찰인으로 분류되어 최고의 경계대상이었다 한다. 공군사관학교에서 비밀리에 일본식 교육으로 조종사를 양성하는 임무를 맡고 있었던 것이다. 따라서 진주만 공격을 바로 앞두고 있는 41년 초의 임도현이야말로 일본 심장부와 비행전술을 잘 알고 있는 가장 염려하는 인물로 반드시 꽁꽁 묶어두어야 하는 조종사인 것이다.[134]

임정범 씨는 "일본 경시청 정보자료 서면 목차에 보면 많은 고등비밀(鮮高秘) 문건 중에서 '1번'이 '재지불령선인(在支不逞鮮人) 탐문에 관

---

134) 金在殷, 90세, 제주시.

한 건'이며 '3번' 자료가 '비행학교 재학 조선인 조사에 관한 건'으로 그만큼 일본 입장에서는 중요한 문건이 된다"고 했다.

전쟁을 수행하는 일본의 입장에서 적대행위를 할지도 모르는 한인 비행사들이 눈의 가시였을 것이다. 1935년도 일본제국비행협회에서 발행한 항공연감에서는 1921년부터 1935년까지 일본비행학교를 나온 한인 비행사들 이름을 확인할 수 있다. 3등 비행사 이상의 자격증을 취득한 한인 비행사들은 약 30여 명 정도였다. 이 중에서 대다수가 조선과 일본에 머물러 있었다.

> 1920년대 초부터 38년까지 당시상황으로 일본에서 3등비행사 이상의 자격증을 취득한 조선인 조종사들은 약 30여 명 정도에 불과하였다. 이들 대부분은 화려하고 자랑스럽게 일본에서 조종사 자격증을 딴 사람들이지만 '조종사'로서 다른 나라가 아닌 조선과 일본에 있으면서 일본에 동조는 안 했다 하더라도 항일과는 거리를 두었던 사람들이 꽤 많다는 것이다.[135][136]

일본비행학교를 나온 사람은 많지만 전상국 비행사처럼 중국으로 건너가 일본 측 표현을 빌려 '적대행위'를 하는 비행사들은 소수로 좁혀진다.

소화(昭和) 13년도, 소화(昭和) 14년도, 즉 1938년과 1939년도 일본 경시청정보 선고비(鮮高秘) 제1199호 일본 경시청정보는 내무대신, 조선총독부 대만총독부 경무국장, 일본 동경방위사령관, 동경 형사지방재판소 검사정(檢事正),[137] 일본 동경방위사령관, 동경헌병대장, 조선 각 도지사 앞으로 되어 있는데 일본어 전문을 풀이해서 보면 다음과 같다.

---

135) 『항공연감』, 일본제국비행협회, 1932.

136) 『항공연감』, 일본제국비행협회, 1935.

137) 지금의 검사장.

비행학교 재학 조선인, 대만인 조사에 관한 건

항공기 보급발달에 따라 조선인·대만인으로서 이들이 기술습득을 희망하는 자들이 증가하는 경향이 있음이 간취(看取)되어, 현재 도하(都下) 각 비행학교 졸업자들 및 재학생이 별표138)와 같은데 이들은 처음부터 장차 민간항공사업에 공헌하겠다는 의도로 출발하여, 타의가 없음이 인정되는 바이지만, 일면 재외 불령(不逞)분자 중에는 비행기술 습득자들을 이용하고자 하는 성향이 있는 것 같다는 정보를 접(接)하고 있으므로, 시국(時局)139)을 감안해서 이들의 행동에 관해서는 주의를 요하는 바가 있는 것으로 사료된다. 따라서 시찰(視察) 취체(取締)상 참고로 삼고 각 관계청에서는 별첨 졸업생, 재학자 명단에 적힌 본적, 씨명, 연령, 경력 등을 참고하여, 현재 행동의 상세 및 재외 요시찰, 요주인물과의 관계유무, 기타 참고사항 등을 시급히 조사 회람하여 시시때때로 신고(申告) 및 통보(通報)를 해 주기 바람.

이 문서의 회람자들이 내무대신, 총독부 경무국장, 일본 동경방위사령관, 동경검사장, 동경헌병대장, 조선 각 도지사들이어서 일본비행학교 출신 조선인·대만인 비행사들에 대한 위협을 상당히 느끼고 있음을 알 수 있다. 앞에서 살펴보았듯이 다치가와 비행학교를 나온 전상국, 그리고 김영호, 김연기뿐만 아니라 여기에 임도현 비행사가 포함되어 있으므로 임도현 비행사의 행방을 찾는 데 일본이 노력했음을 추정할 수 있다. 결국 1941년에 가서야 일본은 임도현 비행사를 사로잡을 수 있었다. 임도현 비행사로서는 생애 네 번째 커다란 시련이 닥친 것이다. 그러나 임도현 비행사가 어떤 과정을 거쳐 체포되었는지 구체적인 자료가 없어 이 부분에 대한 자료 조사도 더 필요한 듯하다.

그리고 여타 독립운동사 자료에서 '임도현' 비행사가 언급된 것을 찾기 어려운 것은, 그것이 임도현 비행사의 중국 망명과 중국 항공대

---

138) 이 문서 뒤에 있는 일본비행학교 출신 조선인, 대만인 명단을 일컬음.

139) 일본제국주의자들이 1937년 이후 중국에서 본격적인 침략전쟁을 벌이고 있는 상황을 일컬음.

에서 활약한 것을 부정하는 근거가 되는 것으로 볼 수는 없다. 오히려 임도현 비행사가 같은 시기 중국 항공대에서 활동하던 한인 비행사들이나 독립운동가들과 전혀 교류를 하지 않았다는 것을 간접적으로 보여 주는 것이 아닌가 한다. 친일파의 밀고에 의한 피체 경험과 수차례 일군경에 의한 체포와 구금이 반복되면서 주위 한인들에 대한 불신과 접촉 거부, 그리고 임도현 비행사의 성격상의 요인 등이 아닌가 조심스럽게 추정해 본다.

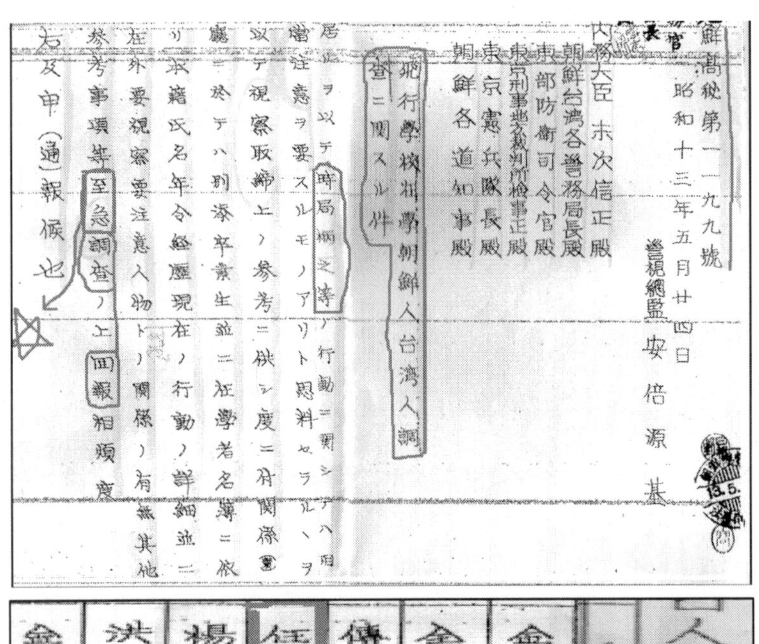

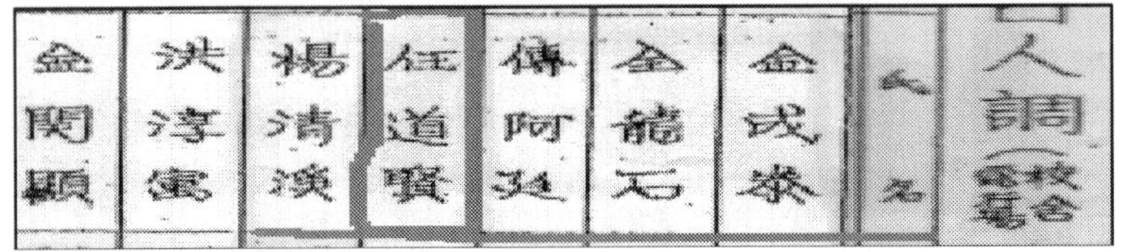

일본 경시청정보 선고비 제1199호 문건과 감시대상인 조선, 대만인 비행사 명단 중에 임도현 비행사 이름이 보인다. 이 문건에는 "전쟁을 앞두고 있는 이때에 상당히 주의를 요하는 위험한 인물이므로 철저하게 감시 단속하고 또한 재외 다른 요시찰 요주의 인물들과도 연관이 되어 있는지 없는지 등 현재 동태를 상세하게 조사해서 시급하게 보고하라"라는 내용이 들어 있다.[140]

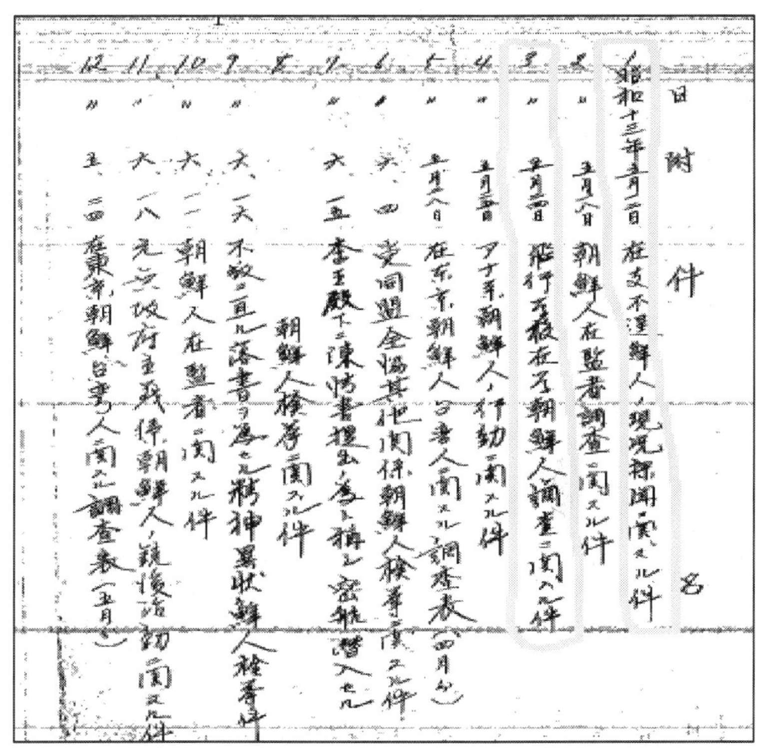

일본 '경시청 감시목록'과 '탐문'문건은 비문 중에서도 주요 문건이었음을 보여 주는 자료. 재지불령선인 탐문에 관한 건(在支不逞鮮人 探聞에 관한 건)과 비행학교 재학 조선인 조사에 관한 건(飛行學校 在學 朝鮮人 調査에 관한 건)

140) 飛行學校재학 朝鮮, 臺灣人 調査에 關한 件(鮮 고등 비밀문서 제1199호 - 38년 5월 작성). "時局 柄之 等, 相當한 注意 要, 視察 取締 詳細하게, 要視察人과의 연계 여부, 至急 調査 回報".

한국의 '빠삐용' 임도현 비행사

✈ 제주도에 연금되다

1941년도에 임도현 비행사가 중국에서 일경에 체포되었지만 그 자세한 경위를 보여 주는 자료가 아직까지 없다. 1937년 목포형무소에서 출옥 후 중국으로 건너가 유주에 있는 광서항공학교에 복직을 하고 중일전쟁을 맞이한다. 전시체제에서 일정한 역할을 했으리라 추정되지만 그 이후 1941년 체포될 때까지의 경위는 명확하지 않다. 중간에 중화대학이라는 대학을 다녔다는 대목도 의아하게 만든다. 전쟁중이 아닌가. 그가 중국 어디서 언제 어떤 상황에서, 그리고 일경이 또한 그를 어떻게 추적하여 체포했는지에 대한 자세한 경위를 보여 주는 자료가 없는 것이 아쉽다.

여하튼 그가 이력서 내용대로 붙잡혀 온 곳은 제주도이다. 지정된 6곳 이외의 지역으로 나가서는 안 되는 연금 상태에 묶인다. 그는 연금생활을 하면서 일제의 공출 부역, 징용 일체의 거부운동을 벌였다

1940년대 임시정부의
항공설계위원회

백범 김구도 비행대 창설 노력을 시도했었다는 것이 1930년대 몇
몇 편지에서 드러나고 있다.

청평(青萍) 형님께
"…비행기 조종사 이 군의 일은 요즘 방도가 생겼습니까? 이 일이 비록 작은
일이지만 저의 신용문제와 관련이 크기에 빨리 알맞은 위치에 배정시키기를 바
랍니다. (중략)(1934.10.30.)"[154]

이 편지는 1934년 10월 30일 김구가 국민당 중앙조직부장이었던
청평 소쟁에게 보낸 것이다. 김구가 그에게 한인조종사를 그의 경력
을 감안, 중화민국 공군에서 적정한 직위와 처우를 해 줄 것을 부탁
하는 편지로 보인다. 다음 편지는 진과부가 소쟁에게 보낸 김구의 공
군건립 요청에 대한 편지인데 여기에 나오는 김 군은 김구이다.

진과부(陳果夫)는 1924년 황포군관학교 설립 후 입교생 모집활동의

---

154) 백범학술원, 「김구가 청평 소쟁에게」, 『백범 김구선생의 편지』, 나남출판, 2005. 36쪽.

게 해서든지 연합군과 어깨를 나란히 하여 종전 후 대한민국 임시정부가 국제적으로 승전국의 입지를 확보하려는 군사·외교적 노력의 일환이라는 점에서 의미가 있다.

1944년 미국 공군에 들어간 미국교포인 정운수는 동년 5월에 미얀마, 인도, 중국 지역 관할 항공대에 들어가 일본군과 싸우고 1945년 1월에는 인도에서 히말라야 산맥을 넘어 중국에 있던 미 제14항공대 폭격대대에서 근무하였다. 그는 미 육군성의 지시를 받아 한국의 광복군 현황을 조사하여 한미 합작 군사훈련의 가능성을 타진하였다. 그는 임시정부 요인들뿐만 아니라 중국 항공대에 있는 최용덕 장군 등을 만나 광복군 현황을 파악하였고 미국 OSS라는 전략정보처 산하에 한미합작 유격대를 조직하여 훈련을 시켰고 국내 진입 작전계획에 활약하였다.

하지만 중국 항공대에서 활약하던 최용덕 준장과 임시정부의 김구 등의 광복군 비행대 창설 노력은 안타깝게도 뜻대로 되지 않고 종전을 맞이한다.

해방 후 북경에 머물다가 1946년에 조국으로 돌아온 최용덕은 항공단체 통합위원회 회장으로 추대되고 후에 국내외 항공인들과 함께 공군 창군을 위해 노력한 끝에 1948년 5월 5일에 육군항공대를 출범시키고 1949년 10월 1일 대한민국 공군이 창군된다. 최용덕은 항공부대 사령관을 역임하다가 동년 8월 국방부 차관으로 자리를 옮겼고 항공부대 사령관에는 독립운동 비행사 출신 이영무가 임명된다. 최용덕은 1952년 12월 1일부로 제2대 공군참모총장을 역임하였다. 그는 공군가,[158] 공군사관학교 교가,[159] 공군사관학교 십훈[160] 등을 지어 공

---

158) 1. 하늘을 달리는 우리 꿈을 보아라 하늘을 지키는 우리 힘을 믿으라 죽어도 또 죽어도 겨레와 나라 가슴속 끓는 피를 저 하늘에 뿌린다 2. 하늘은 우리의 일터요 싸움터 하늘은 우리의 고향이

군장병들의 정신적 지주 역할을 톡톡히 하였으며 독립운동 비행사로서 무장독립운동가로서 항일정신과 항공구국의 정신을 공군에 계승시키는 역할을 하였다.

해방 후 우리나라로 복귀한 항공인들은 약 천여 명으로 그중 500여명이 북으로 갔고 나머지 약 500여 명이 한국에 남았다. 이 중 100명가량이 조종사 출신들이고 나머지 400여 명은 각 항공 분야 전문가들이었다.

> 그리고 정비사, 무장사 등 약 400여 명이 있었는데 이런 사람들은 비행기를 직접 정비했던 사람, 연료보급 임무를 담당했던 사람, 항공통신에 종사했던 사람, 항공보안에 종사했던 사람, 비행기에 필요한 특수차량을 운전했던 사람, 비행기의 시동기를 조작했던 사람들입니다.[161]

이들 중 독립운동 출신 항공인들과 비행사들은 최용덕, 이용무, 권기옥, 김영재(장개석 전용비행기 정비사) 등 20여 명으로 여타 항공인들과 함께 공군 창군의 초석이 되었다. 이들 독립군 비행사들은 대한민국 공군에서는 '북극성'과도 같은 존재들이다. 이들은 잃어버린 조국에 대한 국가관이 분명하며 수십 년, 고난의 세월을 보내며 조국 독립운동에 헌신하였다.

요 또 무덤 살아도 되살아도 정의와 자유 넋이야 있고 없고 저 하늘을 지킨다.

159) 1. 우리는 피끓는 배달의 아들 높고 빛나는 한배님 정신 이어 받아서 누리에 펼치고자 하늘로 솟나니 우리들 영혼의 기지 공군사관학교 하늘은 우리의 일터요 싸움터 하늘에 살면서 하늘에 목숨 바친다 2. 우리는 하늘을 배우는 젊은이 높고 참다운 군대의 정신 새로 이룩해 나라를 지키는 힘 하늘로 달린다 우리들 충성의 원천 공군사관학교 하늘은 우리의 일터요 싸움터 하늘에 살면서 하늘에 목숨 바친다.

160) 1. 용의단정하라, 2. 청렴결백하라, 3. 성심복종하라, 4. 책임완수하라, 5. 신의일관하라, 6. 공평무사하라, 7. 침착과감하라, 8. 신상필벌하라, 9. 솔선수범하라, 10. 은위겸비하라.

161) 『6·25증언록』, 공군본부, 2005. 21쪽.

계몽운동과 불행한 임종

✈ 광복과 계몽운동

1945년 8월 15일, 임도현 비행사가 37살 되는 해에 마침내 광복을 맞이한다. 그렇게도 투쟁해서 쟁취하려던 조국이 해방되는 것을 살아서 보는 것만으로도 임도현 비행사에겐 행복이었을 것이다. 하지만 이미 몸은 여러 차례의 심한 고문으로 만신창이가 되었다. 그럼에도 그는 제주 지역 발전을 위해 격오지 학교 설립 인허가 문제 해결 등 노력을 하다가 불행하게도 4·3사건(항쟁)이 발생하면서 해방된 조국에서 첫 불행을 맞이한다. 그가 만나고 싶었던 장개석과의 만남도 기회를 잃어버렸다.

그렇게 희망했던 해방이 되자마자 고문 후유증에 의해 뭍으로의 계획을 잠깐 접어두고 격오지 학교건립 인가를 내는 데 일조하는 등 뭍로 막혀 있고 통신이 원활치 못하여 깨우치지 못한 제주도민들에게 국제정세와 외국어의 필요성을 강조하여 앞으로 나아갈 길을 제시해 주는 啓蒙運動을 하였다.162)

그는 제주도민들을 위한 계몽운동도 펼친 것으로 보인다. 그의 자필 이력서의 내용을 보면 "남북미 독, 러, 청국, 시사평판웅변회연설장"163)이라는 말과 "단독연설연습－(서역 일구사육년 사월사일 병술 삼월삼일 개시"164) 등이라고 적혀 있다.

✈ 4·3항쟁과 자료소실, 한국전쟁 중 맞이한 불행한 임종

임도현 비행사가 동경에서 제주도 상공을 거쳐 중국 상해까지 비행한 거리는 약 1,780㎞이다. 이렇게 장거리 비행한 것을 확인해 주는 유일한 비행사이기도 하지만 항일독립운동의 긴 여정을 성공리에 마친 최용덕, 권기옥, 이영무나 항일전쟁 수행 중 장렬히 순직한 전상국, 김은제, 김원영 등과는 달리 불운의 연속으로 생을 마감해야 했던 항일비행사이다. 여타 항일비행사들 중에는 병상이나 안창남, 서왈보, 김공집 비행사들처럼 비행사고로 순직한 자들도 많다.

임도현 비행사는 생애 모두 4차례의 체포를 당하는 수모와 함께 두 번의 탈출 성공과 또 두 번의 탈출시도와 두 번의 탈출 실패로 일본제국주의자들과의 쫓고 쫓기는 숨바꼭질이 1931년부터 1944년까지 13년간 이루어졌다. 그의 나이 21살부터 34살까지 인생에서 가장 화려한 시절을 이처럼 혹독하게 보낸 주인공이다. 비록 비행사로서 항일전쟁을 끝까지 수행하지 못했지만 중국 상해사변 직전의 유주항공학교와 중일전쟁 직전 유주광서항공학교에서 중국군 비행학생들에

---

162) 박원임, 77세, 제주 조천읍 신촌.

163) 南北美 獨 露 淸國 時事評判雄辯會演說場.

164) 單獨演說練習－(西曆 一九四六年 四月四日 丙戌 三月三日 開始).

게 항일정신과 비행술을 전수하여 자신이 못다 한 꿈을 제자들이 대신 수행하게 하였으며 제주도에 연금되어서도 주민들을 위해 위험을 무릅쓰고 징용과 수탈에 항거하여 제주도 주민들의 자긍심을 살려 주었다.

그가 마지막 숨을 거둘 때는 1952년 7월 21일 방년 나이 42살이다. 1952년은 6·25전쟁이 일어나고 38선 일대에서 고지전이 한창 벌어질 때다. 고문 후유증이 사망원인이라고 하는데 정확한 사인은 확인되지 않았다. 42살 나이에 숨을 거둔 것도 안타까운 일이지만 4·3사건으로 그의 행적을 확인시켜 줄 귀중한 자료들이 불에 타 소실된 것 또한 커다란 손실이 아닐 수 없다.

역사적 비극의 소용돌이에 조천면 와흘리도 예외는 아니었다. 임도현 비행사 생가도 경찰들이 불을 질러 태워 버렸다. 마을 전체가 불바다가 되었다고 했다. 이때 임도현 비행사의 훈장, 상장, 장개석과 찍은 사진, 중국 항공학교에서 찍은 사진, 중국과 일본에서 공부하던 서적들, 수료증 등 역사적 자료들이 모두 소실되었다. 다만 그가 자필로 쓴 이력서가 들어 있던 나무 상자를 임 비행사의 모친이 다 타기 전에 꺼내 왔다.

제주 4·3 시 토벌대에 의해 초가집이 불타는 와중에도 임도현 어머니께서 죽음을 무릅쓰고 잿더미가 되는 불구덩이 속에 들어가 꺼냈던 유일한 자필 이력서가 숨어 있던 자료들을 상당 부분 찾게 해 주었다.[165]

---

165) 李洙星, 82세, 제주 와흘.

이렇게 글을 쓸 수 있었던 것은 그의 자필 이력서가 남아 있었기에 그리고 그 자필 이력서를 토대로 임정범 씨가 10년 가까이 귀중한 증거 자료를 발굴하고 증언을 채취하였기에 임도현 비행사의 삶을 재구성할 수 있었다.

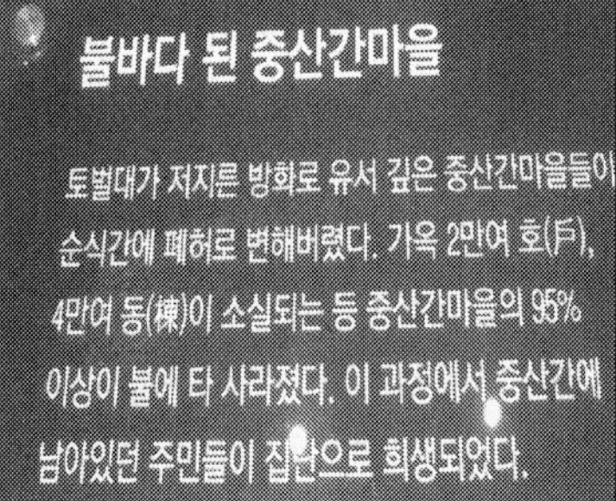

제주 4·3사건으로 임도현 이력서를 제외한 모든 자료가 불타 재만 남았다. 제주 4·3평화기념관−소개 작전 시 실제 불타서 잿더미만 남은 사진형상물, 소개록, 산촌부락 마을들이 거의 불태워졌다. 그중에서도 조천 와흘리 마을이 제일 먼저 불타게 된다. 장개석과 함께 찍은 여러 장의 사진을 포함 수료증, 훈장 등 이력서를 제외한 입증자료가 모두 소각되었다.

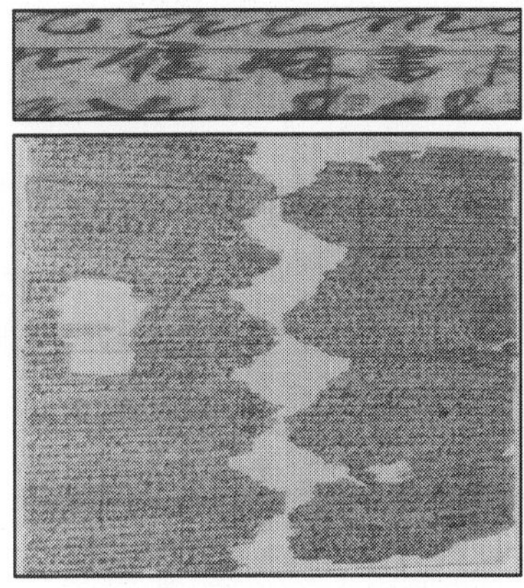

임도현 비행사 자필 이력서. 임도현 이력서는 1차資料를 찾는 데 귀중한 근거가 되었다.

4·3사건과 전쟁이 휩쓸고 지나간 자리엔 폐허만이 남았다. 제주 도민들의 마음도 황폐화되었다. 임도현 비행사의 심신은 극도로 나빠지기 시작했다.

임도현은 제주 4·3 초부터 고문후유증으로 너무 쇠약해져 있었으며, 우익, 좌익 모두 마음에 들지 않는다 하여 와흘리 근처에 있는 동굴 속으로 아픈 몸을 피신해 있다가 마을 집들이 전부 불에 타서 주거지를 잃게 되자 해안가 마을인 신촌고모(임도현의 고모) 댁에서 주거를 정하여 생활하였다.166)167)

숨을 거두기 전 여전히 의기에 찬 모습과 인간적 모습은 증언에서 생생하게 보여 주고 있다.

자타가 공인할 만큼 공부도 많이 했고, 일제하에서 항일운동을 하여 이미 널리 알려진 사람이 되자 도지사로 임명하겠다고 제의를 받았으나 "내가 도지사나 하면서 이 섬에 눌러 앉아 있을 때가 아니다"라고 일언에 거부하였다. 당시 향 마을 전체가 전소되어 해변가인 신촌 마을로 내려와 필자의 모친과 함께 지낼 때 매끼를 해 드렸는데 하루는 "제수씨, 나보고 도지사를 ㅎ랜 햄신디, 거절 해수다. 앉장 제수씨 밥상만 받아먹는 것도 미안ㅎ고 해서 몸 추수려지는 대로 며칠 이시믄 오랜만에 육지 땅 볿을 것 닮으난 당분간 못 뵐 거 닮수다."("제수씨 나보고 도지사를 하라고 권하던데, 거절하였습니다. 앉아서 제수씨에게 밥상만 받아 앉아 있는 것도 미안하고 해서 몸을 추스르는 대로 며칠 있으면 오랜만에 육지 땅을 밟을 것 같아 당분간 못 뵐 것 같아요") 그 후 몇 년 안 되어 결국은 고문 후유증으로 1952년 7월 21일 생을 마감하였다.168)

생전에 임도현 비행사가 일본 유학시절, 그의 부친이 일본에 쫓아가서 말할 정도로 결혼을 독려한 적도 있지만 그때 결혼을 하지 못하면서 평생 결혼할 기회를 놓치고 말았다. 망명과 일경과의 평생 지속

---

166) 李洙珬, 82세, 제주 와흘.

167) 愼貞煥, 88세, 제주시.

168) 李洙珬, 82세, 제주 와흘.

된 추격전, 감옥살이, 감시 등으로 하루도 편할 날이 없을 정도였으니 결혼은 언감생심 꿈도 꾸지 못했을 것이다. 숨을 거둔 마지막 유품의 모습은 다음의 증언에 나와 있다.

> 결혼을 하지 않았으므로 방청소와 식사는 필자의 어머니인 이수성 씨 몫이었다. 약 4평 정도로 기거하는 방에는 서재 겸 침실이 있었다. 가운데에는 잠자리로 사용하는 작은 평상 하나 놓여 있고 3개의 작은 '괘짝'이 있었으며, 방 안은 2/3 정도의 책으로 가득 채워져 있었다. 그리고 책 보는 작은 탁자가 하나 있었는데, 그 위에는 권총 1자루와 칼(단도), 망원경(천리통)이 가지런히 놓여 있었다.[169]

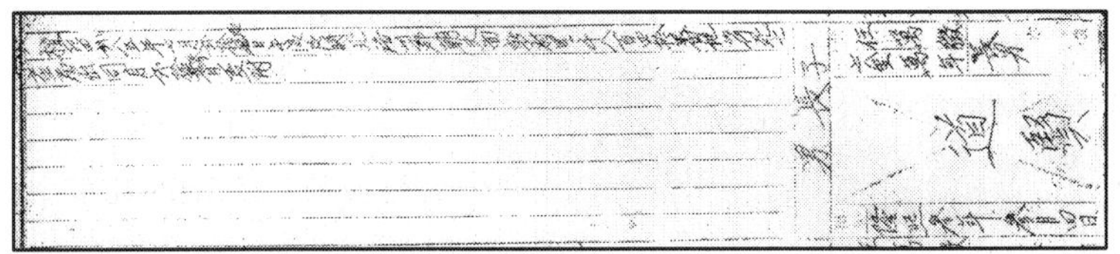

임도현이 고문후유증으로 마지막 뜻을 펴지 못하고 세상과 이별하였음을 보여 주는 제적등본. "단기(檀紀) 4285年 (서기 1952년) 륭(隆) 7月 21日 신촌리1841번지(番地)에서 사망(死亡)"으로 기록되어 있다.

---

169) 李洙垕, 82세, 제주 와흘.

임도현 비행사의 부활

임정범 씨는 백부 임도현 비행사의 실체를 드러내기 위해 백방으로 자료를 찾으러 다녔다. 때론 헛걸음, 때론 수모도 당했다. 그 과정을 여기서 모두 소개하고 싶은 생각도 없지 않았으나 이 책의 초점이 흐려질 수 있기에 대부분 생략하기로 하였다. 또한 그간 유공자 인정 여부로 심신이 황폐화해질 정도로 보훈처와 갈등을 빚고 오늘에 이르렀다는 것도 잘 알고 있다.

보훈처가 다시 원점에서 진지하게 그간 발굴한 임도현 비행사 관련 자료들을 종합하여 재검토해 줄 것을 당부한다. 임정범 씨의 말에 의하면 보훈처 내부에서도 임도현 비행사의 공적(功績) 심사 탈락에 대하여 "손바닥으로 하늘을 가리려는 셈"이라는 지적도 있다고 했다.

자료라는 것이 어떤 것은 걸러 내야 하는 것도 있지만 주요 행적을 입증하는 데 모자람이 없는 자료에 대해서는 사심 없이 인정해야 할 것이다. 어떤 유공자들은 '증언'에만 의존해서 유공자로 선정된 경우도 있고 단편적 자료로 유공자로 선정된 경우도 있다고 한다. 그런

에 대한 전체적 흐름은 어느 정도 추정이 가능하게 되었지만 행적 하나하나에 대한 관련 자료를 찾는 것은 막막했다.

"하늘에서 별을 따는 것처럼, 무에서 유를 창조하듯 힘겨웠죠."

이력서 중간중간 알파벳 글씨체에 대해 제주도의 외국인 교수들을 찾아가 알아보았지만 허사였다. 마치 암호문 같았다. 그렇게 하릴없이 시간이 흘러 2004년이 되었다.

동년 9월 마침내 1978년 첫 시도 이후 26년 만에 임도현 비행사 관련 자료를 찾아냈다. 판결문이었다. 국가기록원에서 그것이 나왔다. 원래 공갈, 무고 등 일반 죄 등에 대한 관련 자료는 직계 이외에는 제공하지 않지만 판결문 내용에는 '독립운동' 관련된 것들도 있어 이를 제공한다는 국가기록원의 합당한 행정 처리가 큰 도움이 된 것이다. 또한 백부에 대한 관련 글이 있는, 즉 항일, 공출, 부역, 징용 일체거부투쟁 내용이 담긴 조천읍지도 발굴하였다.

이 자료를 토대로 동년 12월 초 독립유공자 포상 상신에 따른 공적서 작성 양식에 따라 작성 완료하였다. 이력서와 함께 작성한 공적서를 가지고 서울 국가보훈처에 갔지만 2005년 삼일절 포상 심사가 진행 중이라 2005년 광복절에 맞추어 재차 2005년 3월 초에 방문하여 제출하였다.

2005년 동안에는 각 대사관들의 협조를 구했으나 도움을 받지 못했다. 이력서의 내용대로 유주육군항공학교에서 근무한 내용을 근거로 중국 유주 쪽을 알아보기 시작하였다. 중국 쪽 자료는 반드시 찾아야 했다. 결정적인 증거이기 때문이었다. 유주 쪽 인사들과 지속적으로 접촉을 했다. 세월이 흐르면서 어느새 2007년이 되었다. 그리고 동년 11월 초 백부의 사진이 인터넷 관련 사이트에 올라왔다.

2007년에는 그간 보훈처가 임도현 비행사의 공적을 인정해 주지 않아 국회를 찾아가 도움을 청했다. 그러나 2007년은 행운의 해이기도 하다. 중국 쪽에서 유주항공학교 중국군 장교복장의 임도현 비행사를 발굴하였고 1938년 일본 동경 경시청에서 작성한 요시찰 비밀 감시목록 선고비 1199호를 발굴하였다. 이 감시목록에서 비행사 명단에 있는 임도현 이름 세 글자를 발견할 수 있었다.

2008년에는 이 핵심 자료들에 대한 유권해석에 치중하였다. 그리고 동년 8월 독립기념관에 가서 유주100년사홍보책을 찾았다. 여기에 임도현 비행사의 중국군 장교 복장 모습이 담겨 있었다. 2008년부터 언론에서 임도현 비행사를 조명하기 시작했다. 2010년 10월에는 일본 제국항공협회에서 발행한 1932년 항공연감을 구입하였다. 임도현 비행사의 동경－상해 간 장거리 비행한 비행기 성능에 대한 분석을 위한 것이었다.

2011년 2월 28일 국가기관으로부터 임도현 비행사를 인정받는 것에 대해 더 이상 기대를 하지 않고 자비를 들여 임도현 비행사 묘지 옆에 '임도현 항일자료기념관'을 건립하였다. 조촐하지만 임정범 씨가 할 수 있는 것은 다 했다고 볼 수 있겠다.

임도현 비행사 항일자료기념관

　그는 대한민국에서 호소할 수 있는 곳에는 모두 해도 소용이 없자 사비를 털어 임도현 비행사 기념관을 만들었다. 일명 '임도현 항일자료기념관'이다. 그 옆에는 임도현 비행사의 무덤이 있다. 무덤은 그리 가파르지 않은 언덕 위에 자리 잡고 있다. 햇빛도 잘 드는 조용한 곳이다. 그 전면에는 북제주 바다가 자리하고 있다. 조천면 상공에서 자신이 비행하던 하늘과 함께하고 있다.

　필자가 20년간 해방 전 우리나라 항공역사를 공부하면서 여러 비행사 유족들을 만나 보았다. 권기옥 비행사, 최용덕 비행사[175] 등의 유족들은 유품을 잘 간직하고 있었다. 물론 최용덕 비행사의 경우는 6·25전쟁으로 중국에서 활동한 모습을 보여 주는 자료를 분실하였다. 그래도 유족들이 사진첩 몇 권은 가지고 있었다. 미국 레드우드 비행학교에서 비행술을 배우고 대한인비행가 양성소 교관으로 활약

---

175) 해방 후 국방부 차관, 공군 제2대 참모총장 역임, 자유중국 대사 역임.

한 이용근 비행사의 딸은 비행사 면허증 복사본을 보내왔다. 권기옥 비행사 유족은 중국에서 촬영한 사진들과 공부하던 서책, 장개석이 하사한 예도도 보관하고 있었다. 권기옥 여사 유족은 권기옥 비행사가 학창시절에 공부했던, 옥편176)을 필자에게 기증하였다.

염온동 항공인의 유족과는 한 번 대면하고 대화를 한 적이 있다. 신용인 비행사의 막내아들과도 여러 차례 만나 증언을 들었는데 유품은 그대로 보존하고 있는 걸로 알고 있다. 임도현 비행사의 유족인 조카 임정범 씨는 앞서 본 것처럼 유품을 거의 모두 소실하고 자필 이력서 하나만을 보관할 수 있었다. 그 자필 이력서를 토대로 역으로 임도현 비행사의 주요 행적을 알 수 있는 귀중한 자료를 찾아내어 재구성한 특이한 경우이다.

그가 10년 가까이 수집한 자료를 토대로 기념관을 만든 것이다. 독자 여러분들도 혹 제주도를 방문하는 일이 있을 때 조천면에 있는 '임도현 항일자료기념관'을 방문해 주기를 권한다.

그러나 임정범 씨가 백부인 임도현 비행사의 발자취를 재구성하는 과정에서 일부 무리한 해석을 그대로 전시한 것은 우려스러운 일이다.

첫째, "임도현 비행사가 중일전쟁의 중심에 섰다"라든가 둘째, "중국으로 두 번째 망명 후 광서항공학교를 세웠다"라든가, 셋째, 비행기로 중국으로 도항하여 장개석을 만난 것을 지나치게 과장해서 의미를 부여하는 것 등이다. 이러한 유족 측의 무리한 해석은 관련 전문가들의 자료 검토나 접근을 원천적으로 차단해 버리는 장애일 뿐만 아니라 임도현 비행사 고인을 세상에 알리는 데 오히려 역효과를

---

176) 최남선 지음, 『新字典』, 1915년 을묘년(乙卯年).

낳을 수 있다.

유족 측의 해석이 모두 틀렸다고는 보지 않는다. 하지만 직접적인 자료가 없는 상태에서의 단정적인 해석이나, 혹은 직접적인 자료가 있더라도 이를 지나치게 과장 혹은 확대 해석하는 것은 임도현 비행사의 실체를 오히려 흐리게 할 수 있다.

보훈처는 유족 측이 지금까지 발굴한 관련 자료와 조사한 내용들을 토대로 원점에서 검토할 필요가 있다. 그런 의지를 보이지 않는다면 국민들의 세금으로 운영하는 국가기관으로서 올바른 처사가 아니다. 거듭 말하거니와 임도현 비행사의 행적 중에 이해가 안 가거나 의문이 드는 부분이 있는 것도 사실이지만 임정범 씨가 찾아낸 자료들만으로 '독립운동 유공자'로 인정받기에는 부족함이 없다고 판단된다. 과연 독립유공자 중에 전체의 삶이 모두 밝혀진 경우가 얼마나 되는지 반문하게 된다.

끝으로 제주인 출신으로 보훈처 독립유공자 공훈록에 등재된 인물 두 명을 소개한다. 강붕해 씨는 1915년생으로 제주도의 군사시설을 천주교 신부인 아일랜드인 토마스 다니엘 라이언 씨에게 누설하였다. 연합군의 폭격을 유도하기 위함이었다.

"대정면(大靜面) 모슬포(慕瑟浦)의 해군비행장에서 비행기가 발진하여 중국의 상해(上海), 남경(南京) 방면을 도양폭격(渡洋爆擊)하고 있는데, 아마도 비행장 지하실에 폭탄을 저장해 두고 있는 모양이다."[177]

그는 천주교 신자로서 도내 반일세력을 규합하여 일본에 저항하려

---

177) 국가 보훈처 독립유공자 공훈록 강붕해 편.

고 했으나 군사기밀 유포죄로 체포되어 형을 살았다. 독립유공자 애
족장을 수여받은 근거는 공훈록에 1942년 10월 24일 광주지방법원
판결문 하나인 것으로 보인다.

또 한 사람은 변태우 씨이다. 이 사람은 '건국포장'을 받은 사람으
로 1899년 제주도에서 태어났다. 이 역시 천주교 신자로서 아일랜드
인 선교사 손신부, 본명 다우슨 패트릭으로부터 대정면 모슬포 소재
일본 해군 비행장의 면적, 주둔군 인원, 비행기 대수 등에 관한 질문
에 염탐을 하고 정보를 제공하였다.

> 이 무렵 일제는 제주도를 중국에 대한 도양폭격(渡洋爆擊)의 발진기지로 만들
> 면서 도내 반일세력을 색출 제거코자 하여, 우선 적성국(敵性國)인 영국 국적
> 의 아일랜드인 선교사들과 그들이 소속된 천주교회 조직을 탄압 파괴의 대상으
> 로 삼기 시작하였다.[178]

변태우 역시 군사기밀 유포죄로 재판을 받고 징역 1년 선고를 받고
형을 살았다. 보훈처가 받아들인 고인의 공훈에 대한 근거자료는 역시
1942년 10월 24일 광주지방법원 판결문이 유일한 것으로 보인다.

이런 독립운동가들과 비교하면 임도현 비행사의 활약상은 굳이 비
교하자면 더 활발한 것이 아닌가. 그리고 그 활약상에 대한 근거자료
도 이분들보다 임 비행사의 독립운동 활동 상황에 대한 근거자료는
더 많이 있다고 본다. 어느 인물이나 미스터리하거나 확인이 불가능
한 행적들이 있을 수 있다. 하지만 항일운동과 독립운동 활약이 분명
한 행적과 그 근거자료가 확실하다면 그것만으로 일단 독립유공자로

---

178) 上同, 변태우 편.

선정하는 데에는 무리가 없어 보인다. 그러나 이 책이 그런 유공자 선정을 위한 준비 책이 아니라 객관적으로 임도현 비행사의 행적을 살펴보는 데 있기 때문에 이 부분에 대하여 더 길게 쓰지는 않는다.

언론에서 소개한 임도현 비행사

국가보훈처는 임도현 비행사의 자필 이력서의 작성시기가 불명확하다고 문제제기를 했지만 임정범 씨는 "이력서 위에 덮어 쓴 '單獨'에서 '獨' 자의 큰 글씨 2/3지점에 '獨' 字는 그대로 있음에도 이력서 본 내용의 일부 붓글씨에 손때가 자연스럽게 묻어서 지워져 있다"고 하면서 "본 이력서자료에서 啓蒙運動을 한 날짜는 一九四六年 三月三日과 四月四日임을 나타내고 있다. 이렇게 이력서 본 내용이 지워질 정도면 적어도 계몽운동 시점인 一九四六年 三月三日로부터 3~4년 전으로 日帝治下인 1942년 또는 1943년경에 쓰인 것으로 판단된다"고 하였다.

이력서를 작성한 시점이 解放 前인 '日帝治下'의 필적임을 보여 주고 있는 임도현 비행사 자필 이력서

항일독립운동가 중에서 이처럼 유공자 선정에 논란이 많았던 경우는 없을 것이다. 그러나 임정범 씨의 노력으로 임도현 비행사의 실체를 언론에 조금씩이나마 소개할 수 있었다. 그동안 언론에서 다루었던 임도현 비행사에 대한 내용은 어떤 것인지 살펴보는 것도 의미 있을 것으로 보인다.

2008년 2월 《연합뉴스》는 임도현 비행사가 비행기를 몰고 탈출, 중국서 항일운동을 한 것을 메인으로 뽑아서 소개하였고 후손들이 유공자로 인정해 주지 않는 데에 탄원운동을 펼치고 있는 사실을 소개하였다.

2008년 2월 제주KBS 뉴스에서는 "큰아버지의 명예를 찾아주세요"라는 타이틀로 임정범 씨의 독립운동 자료 발굴 노력과 보훈처의 유공자 불인정을 소개하였다.

2008년 8월 제주SBS에서는 "묻혀진 항일 투사"라는 제하에 임도현 비행사의 존재를 부각시키는 데 초점을 맞추어 보도하였다.

2009년 2월 ≪조선일보≫는 유족들의 유공자 불인정에 대한 하소연을 소개하며 언론이 관심을 가져 줄 것을 호소한 내용을 다루었다. "일본군 비행기를 몰고 중국으로 탈출해 항일운동을 벌인 독립운동가 임도현씨에 대해 제대로 조명해 주세요"라는 메인 기사가 눈에 들어온다.

2009년 6월 ≪한라일보≫는 "최근 세 번째 유보처분 뒤 행정소송 돌입, 어제 객관적 증거 찾기 위해 유해발굴"라는 메인 기사 제목으로 중국군 장교로 복무 중 소만국경지대에서 일본군과 조우하여 교전을 벌이다 총상을 입었다는 자필 이력서의 내용을 입증하기 위해 임도현 비행사의 유골을 확인하는 작업을 소개하였다.

이어서 2009년 6월 ≪제민일보≫에서는 유해발굴 작업의 결과인 임도현 비행사 두개골 총상 자국 확인을 기사화하였다.

2009년 6월 제주SBS에서는 임도현 비행사의 유골에서 일본군과 교전을 벌이다 입은 총상 구멍을 발견한 것에 초점을 맞추어 보도하였다.

2010년 8월 ≪서울신문≫은 임정범 씨를 통해 임도현 비행사에 대해 소개하면서 기사 핵심은 국가기관의 팔짱을 낀 채 독립운동가 후손더러 입증해 보라는 식의 태도를 비판하는 요지다.

2011년 2월 28일 ≪제주일보≫는 조카 임정범 씨가 기념관을 조성한 것과 독립유공자 선정이 안 된 것이 '괘씸죄'에서 비롯된 것 아닌가 하는 유족들의 분노와 함께 그간 유족들이 자료 발굴을 위해 노력한 과정과 보훈처가 이를 인정해 주지 않은 과정들을 자세하게 소개했다.

2011년 3월 제주SBS에서는 조카 임정범 씨의 노력으로 "항일투사 임도현 자료 기념관 개관"을 알리는 뉴스를 보도하였다.

2012년 1월 12일 제주KBS 보물섬 프로그램에서 항일투사 임도현 제1부를, 동월 19일에 제2부를 방영하였다.

그러나 언론은 그동안 유족 측의 입장을 일방적으로 반복 보도하는 수준에서 머물렀을 뿐이다. 언론에서는 전문가들과 함께 임도현 비행사 관련 건에 대하여 그간에 보여 준 단순한 유족 입장의 전달에만 머물 것이 아니라 객관적이고 전문적인 검토를 시도해야 할 듯하다.

맺는 말:
욕망, 상처, 그리고 진실

해방 전 '항공을 통한 독립운동'을 함께 조명해 보면서 임도현 비행사의 삶을 추적한 이야기가 끝났다. 그의 심장은 마치 활화산 같다는 느낌이 든다. 필자의 느낌이지만, 우직한 성격에 타협할 줄 몰라 고통을 자초한 경우가 한둘이 아니다. 또한 물불을 안 가린 그의 뜨거운 열정, 불굴의 의지가 돋보인다. 무엇이 그로 하여금 그토록 치열하게 살도록 했을까.

42년의 짧고도 굵은 인생이 아닐 수 없다. 제주의 흙은 제주인의 삶이요, 제주의 돌은 제주인의 심장 같다. 그는 제주의 단단한 돌멩이였다. 그 돌멩이가 날아와 나의 머리를 갈긴다. 정신이 번쩍 든다. 임도현 비행사의 고단했던 삶은 오늘날 우리들에게 어떤 상징일지도 모른다. 부정부패와 비리를 일삼으며, 자중지란(自中之亂)의 모습을 보이는 사회 지도층 인사들에게는 '초심'도 요구하는 듯하다.

대한민국 공군을 창군한 주역 중, 선임(先任)이었던 최용덕 비행사는 1946년 「한국건국간부훈련반 결성 축사」[179]에서 '건국이론'을 피력한 바 있다.

"건국간부의 훈련이란 다만 배우는 것뿐만 아니라 완전한 사회인을 가르친다. 그러므로 약방문(藥方文)을 잘 내는가는 국가흥망에 중대한 관계가 있을 것이며 국가에 적합한가, 현실에 적합한가를 잘 연구하여야 될 것이다. …끝으로 여러 동지에게 바라는 바는 만사에 이심합칙(異心合則)과 분공합작(分工合作)하여 달라는 점이다. 분공합작이 완전히 실행되는 국가는 문명국이고 실행치 못하는 국가는 반드시 멸망하는 것이다. 우리는 한 사람의 영웅보다 국민 각자가 건국의 이론을 연구하고 실천화하여 국민으로서 각자의 책임을 수행하여 주기를 희망한다."

일본국군주의자들의 대륙침탈 야욕이 노골적으로 드러난 1931년 7월 만주사변과 1932년 1차 상해사변이 일어났던 시기, 1931년 12월 초 대만인 비행학교 동료학생들과 함께 4대의 비행기에 나눠 타고 대한해협을 건너 중국 상해까지의 장거리 비행은 목숨을 건 도정(道程)이었다. 23살의 젊은 청춘의, 이 대담하고 영웅적인 비행은 오늘날 젊은 이들에게 새로운 삶, 새로운 분야에 대한 도전정신도 일깨워 주고 있다.

남의 나라 장교가 되어 소만국경지대에서 일본군과 교전을 하다 총상을 입었던 일이며 친일파의 밀고로 붙잡혀 총 4번의 피체(被逮)와 두 번의 탈출, 또 두 번의 탈출시도와 실패는 결코 새장 속에서 모이를 받아먹고 살 수는 없었던 야생의 새처럼 태생적으로 '자유인'의 모습이다. 그 불굴의 정신과 DNA가 우리들에게도 잠재되어 있음을 그의 짧은 생이 보여 주고 있다.

---

179) 단기 4279년(1946년) 북경.

여러분들은 제주도를 방문하신 적이 있을 것이다. 차를 타고 가다 혹 밭의 풍경을 본 적이 있을 것이다. 십중팔구 그 밭 주변에는 돌멩이들이 낮은 담처럼 길게 늘어져 있는 것을 본 적이 있을 것이다. 제주인들이 돌을 좋아해서 그런 것도 아니요, 모양새 좋으라고 밭 주변을 치장한 것도 아니다. 제주인들은 밭을 개간하려면 돌과 싸워야 한다. 밭 밑에는 온통 돌멩이투성이이다. 밭을 만들려면 그 돌멩이들을 먼저 다 캐내야 한다. 돌멩이 자체가 삶인 게 바로 제주인들이다. 자연스럽게 임도현 비행사의 삶과 제주의 돌멩이들이 오버랩되는 이유다.

이 책을 쓰면서 궁금한 점들이 아주 없는 것도 아니다. 현재까지 임정범 씨가 집념으로 모은 자료만으로도 임도현 비행사가 항일 항공 독립운동가라는 점을 입증하는 데 모자람이 없다. 다만 글을 쓰면서 좀 더 자세한 행적을 알 수 있는 자료가 있었으면 하는 아쉬움이 있다.

1931년 유주육군항공학교 입교 당시 관련 사진, 1932년 중국군 장교로 근무할 때 관련 사진과 1931년 다치가와 비행학교 탈출사건으로 일본 동경 경시청 수사 내부 문건 따위와, 다치가와 비행학교에서 이 사건을 어떻게 처리했는지 알 수 있는 관련 자료가 있었으면 하는 아쉬움도 있고 혹 이 사건이 일본 언론엔 보도되지는 않았는지, 도항사건으로 동경 경시청과 상해 일본영사관 간의 임도현 비행사 체포를 위한 내부 상호 연락 관련 자료는 없는지 하는 점들도 앞으로 찾아볼 일이다.

임도현 비행사는 1937년 중국으로 두 번째 망명 후 광서항공학교 교관이 되어 중일전쟁을 맞이한다. 그 이후부터 1941년 체포될 때까지의 좀 더 구체적인 행적을 알 수 있는 자료가 없는 것도 아쉽다. 또한 일본 감시망에 의해 임도현 비행사가 언제 어떤 상황에서 체포되었는지 그 경위를 자세히 알 수 없는 점도 그렇다. 끝으로 제주도 연금상태에서 1943년 제1차 탈출 경위와 1944년 제2차 탈출경위는 자세히 알 수 없는지 등 이런 여타의 의문점들을 풀어 줄 자료들이 앞으로 발굴되었으면 한다.

앞서도 언급했듯이 이러한 궁금증이 있다고 해서 임도현 비행사가 항일운동을 한 사실이 부정되지는 않는다. 설령 그의 행적 중에 선뜻 납득이 안 가는 부분이 있다 해도 말이다.

장대한 꿈과 '큰 뜻'을 품었던 젊은 독립운동 비행사가 친일파의 밀고와 일 군경에 의해 체포와 탈출을 반복하면서 비바람에 꺾인 꽃잎처럼 지고 말았다.

이제 임도현 비행사의 삶을 세상 밖으로 끄집어내는 것은, 단지 수십 년 전 그가 대한해협의 창공을 비행한 것을 찬양하는 게 아니라, 그 비행이 이 시대를 살고 있는 우리들에게 어떤 의미로 다가오는지 생각해 보고자 함이다. 임도현 비행사의 삶을 부족한 대로 복원하면서 항공 분야뿐만 아니라 여러 면에서 우리가 잃어버린 가치들이 무엇인지를 되새겨 보는 계기도 될 듯하다.

항공을 통한 독립운동에 목숨을 바친 비행사들의 삶을 통해서 인간의 욕망과 상처도 보았다. 오늘을 사는 우리라고 해서 그들과 다를 바 없다. 우리 역시 상처가 너무 깊거나 욕망 때문에 때론 진실이나 더 소중한 가치들을 보지 못할 수도 있다. 욕망과 상처, 그리고 진실의 함수관계는 복잡다단하다. 한 인간이나 한 시대를 평가하는데, 우리는 냉철한 시각도 필요하다. 자기비하적인 시각이나 과대포장하려는 시각, 편협한 시각을 모두 물리쳐야 진실이나 소중한 가치들과 대면할 수 있을 것이다. 임도현 비행사와 항일 비행사들의 삶과 비행(飛行)

을 살펴보면서 항공독립운동사에서의 그들의 '비행기'가 새롭게 다가온다. 그것은 즉, 주체의식을 발견한 매개이자, 민족적 자각의 투영으로서 비행기요, 자유정신의 상징으로서의 비행기이며, 고국을 되찾기 위한 희망의 상징이자, 항일투쟁의 수단으로서의 비행기였음을 알 수 있다. 비록 임도현 비행사의 삶이 불행과 실패로 점철되었다 해도, 전체 항공독립운동사와 함께 생각해 본다면 그의 삶에서도 이러한 의미들을 발견할 여지가 있지 않겠는가. 끝으로 누구에 의해서든 이 분야에 대한 탐구는 지속되어야 한다는 당부의 말을 남기며, 부족한 글을 마치기로 한다.

2012년 4월 22일
저자

부록 1. 방석(傍石) 임도현(任道賢)의 연보

1909.3.4.: 제주도 북군 조천면 와흘리 1463에서 출생(일본 경시청 비밀 감시목록, 판결문 기록상의 주소)

1916~1920(8~12살): 한문학교(기록물)

1921~1925(13~17살): 조천 공립소학교

1925~1927(17~19살): 만주 봉천 신민 소만중학교

1927: 일본으로 유학(판결문)

1927~1929(19~21살): 일본 강산현 사범학교 수학

1929~1930(21~22살): 일본 외국어학교 수학

1930~1931(22~23살): 일본 동경구 삼전정 경응의숙 예과 수학

1931.10.2.~11.30.: 일본 입천(立川)비행학교 정과 입학, 졸업(일본 경시청 비밀 감시목록)

1931.12.: 일본 입천비행학교 조종과 입학

1931.12.: 입천비행학교 조종과 재학 중 비행술 수업 중 중국 상해로 도항(渡航)(판결문)

1931.12.: 공군력 증강을 위해 장개석 원수가 중국 광서성에 설립한 유주육군항공학교에 창설요원으로 배치받아 교학상장을 병행—1934년에 광서항공학교로 개명(중국 당안국 자료)

1933.12.(25살): 넝마주이로 변장 입국 중 전년도 윤봉길 사건에 일조하였다는 이유로 질주범에 이어 잔악범으로 피체 수인되어 고문

1933.: 사천성 중경 중앙군사정부 임 중위 육군원수 장개석과 함께 근무(기록물)

1933.: 하북성 보정(保定) 중앙군사정부 장개석 원수 소개로 중경 육해군대학교에 입학 수학

1934.(26살): 소만국경지역 동지철도(東支鐵道) 수비 중 일군과의 전투에서 좌측 머리에 총상 입어 의식 잃음. 상해로 후송되어 총알을 빼고 치료하여 생명을 구함

1934.12.: 항일단체에 소속되어 친분 있던 조선인 밀고로 상해 일본영사관에 피체. 강제로 송환(판결문)

1935.(27살): 일경에 의한 고문으로부터 부모 형제를 살리고, 비행탈출에 대한 죄를 묻지 않는 대신 가미가제에 준하는 특수임무 교육을 받고, 일본을 위해 목숨을 바친다는 조건부로 다치가와 비행학교에 재입교

1935.: 머리에 입은 총상 후유증으로 훈련을 미루다가 고향인 제주로 밀입국. 마을과 동떨어진 오름에 반 지하식 움막을 짓고 숨어서 중국으로 탈출 모색

1935.10.: 문중 선묘 묘택 문제로 분란이 일어나자 임도현이 문중 일을 돕는 과정에서 불만을 가진 친인척에 의해 고소당해 피체

1935.10.~1936.5.: 7개월 동안 경찰에 수인된 채로 고문에 의한 일방적 조서 내용을 토대로 판결문 작성

1936.5.(28살): 친척을 공갈하고 일경을 무고하였다는 이유로 징역 10개월 구형. 목포형무소 독방에 수감. 형기 만료 출감 후 응징차 곧바로 원소속부대인 중국 유주광서항공학교로 직행하여 부모님께 해코지 염려로 복수를 접고 기계 비행 특종반 학생교육에 전념(중국 유주100년사홍보책)

1937.7.7.: 중일전쟁 발발 후 9월 초 광서항공학교와 중앙항공학교가 병합되어 광서공군에 자동 편입되어 실전에 참가.

1937.9.~1945.: 제자 조종사들은 광서공군 3대대에 소속되어 중일전쟁 공중전을 치름

1937~1940(29~32살): 청국 북평가 중화대학교 학부에 입학 수료

1938.5.24.(30살): 진주만 공습을 앞두고 일본 심장부를 잘 아는 조선인 비행사 임도현의 동태 파악 및 단속에 관한 일본 경시청 비밀감시목록을 동부방위사령과 각 도지사, 조선경무국장, 헌병대장 등에게 발송(비행

학교 재학 조선, 대만인 조사에 관한 건 일선 고등비밀문서 제1199호)

1941.(33살) 초: 38년 5월부터 시작된 경시청 비밀감시목록에 의한 신병확보작전망에서 벗어나지 못하고 41년 중국에서 또다시 피체. 삼엄한 경계하에 제주 섬으로 압송(일본경시청 비밀 감시 목록)

1941~1945(33~37살): 6곳으로 주거 제한, 섬에서 일경이 항시 따라다니는, 경찰과 바다로 막혀 탈출할 수 없는 창살 없는 감옥생활을 함

1941~1944: 창살 없는 감옥생활 중에도 항일, 공출·부역·징용 일체 거부투쟁을 함(조천읍지)

1943.(35살): 1차 탈출시도—41년 피체 이후 행적은 2011년 현재 직접 목격하신 분들이 대부분 생존해 있음

1944.(36살): 2차 탈출시도—목포선착장에서 피체 후 심한 고문, 정신이상 벙어리 행세 후 석방

1945.8.15.(37살): 광복 후 학교 설립 인허가 해결 등 계몽운동에 헌신하다 4·3항쟁 발발로 발이 묶임

1952.7.21.(42살): 고문 후유증으로 사망—신촌리 1841번지 호적등본

부록 2. 임도현 비행사 자필 이력서(원문과 한글풀이본)

자필 이력서 원문

'履歷書'

自古以來 淸國은 祖國의 流來 子孫 在留地 淸國 四川省重慶中央軍事政府 任中尉在留 陸軍元帥蔣介石 內部

出生地(兼)同( )韓國濟州島道 北郡 新朝天面臥屹里 姓名 任導賢

壹千九百(十一)年+五 三月三日(壹千九百十六年 三月三日)에 漢文學校에 入學의 修學하얏십니다. 壹千九百(二十)年 此의 母校(를) 修學의 修了하얏십니다.

壹千九百二十一年 朝天 公立小學校에 入學하야 修學하얏십니다. 壹千九百二十四年 此의 母校을 修學의 修了하얏십니다.

壹千九百二十五年 滿洲 奉天 新民 蘇滿中에 入學하야 修學하얏십니다. 壹千九百二十七年 此의 母校을 修學의 修了하얏십니다.

壹千九百二十七年 日本岡山縣 師範學校에 入學하얏십니다. 壹千九百二十九年 此의 母校를 修學의 修了하얏십니다.

壹千九百( )( )本( )部( )(四)( )外國語學校에 入學하얏십니다. 壹千九百三十( )年 此의 母校를 修學의 修了하얏십니다.

壹千九百三十年 日本東京(定)區三田町慶應義塾: (지금의 慶應大學) 豫科에入學하야 修了하얏십니다. 壹千九百三十一年比의 母校를 修學하얏십니다.

壹千九百三十一年 淸國 廣西省 柳州 陸軍航空(學校)에 入學하야 修學하고 又 淸國何北省保定中(央軍事政府)壹千九百三十三年 此의 母校를 修學 修了하얏십니다.

壹千九百三十三年 淸國何(北省)(保)定 中央軍事政府 蔣介石元帥의 紹介로셔 重慶陸海軍 大學校에 入學하여 修學하얏십니다.

壹千九百三十四年 英( )科分校分校 此의 修學의 修了하고 蘇滿國境 (寶)(蒙)古 淮도( )件射發 東支鐵道 守備中 日英佛 合軍의 東支鐵道에 買渡하야 同時에 我 는 美蘇獨淸의 思想(통일된 생각과 판단 체계)保護者로 日英佛을 反對하고 有 中 先動蘇聯軍隊의 射擊發 戰爭 數萬殺中 我는 鐵箱에 象肉을 背負德分 後射銃彈 丸의 防止에 背後腕兩 骨板 負傷, 中貫通豫防되야 死去을 防命하고 又左肩上骨 銃射 發彈丸의 負傷하고 又拳銃射發彈丸으로 左(右)目眉上骨이 負傷하고서 神 病傷에 關하야 生命을 救하고

壹千九百三十五年 日本에 入國하야 日本飛行學校에 入學하야 ()하얏십니다.

朝鮮入國中 警察署에셔 ( )前年度 淸國上海 同文書院에 韓國人 尹奉吉을 彈藥 丸 授與上은 熊狩殺하겠다 僞虛言上 授與後 聞則 日本軍 會議中 射擊하야 銃殺 事件에 我 疾走犯으로 囚人하야 眞惡犯 及 證

解放 後 三六年 懲役―又 上左右翼과 無關

하야 獄으로 日本法에 依하야 木浦刑務所에 服役으로 執行하야 壹千九百三 十七年 出獄하얏십니다.

壹千九百三十七年 淸國 北平街 中華大學校 ( )學部에 入學하야 修學하얏십니 다. 壹千九百四十年比의 母校을 修學의 修了하얏십니다.

임도현 비행사 자필 이력서(한글본)

예부터 청국은 조국과 깊은 관계가 있다. 그 자손인 본인은 재류지 청국 사천성 중앙군사정부에서 중위로 있었다. 육군 원수 장개석 직속 부대에 있었다.

출생지(겸) 동ㅇ한국 제주도도 북부 신조천면 와흘리 성명 임도현

1911년에서부터 1916년 3월 3일까지 5년간 한문학교에 입학하여 수료하였습니다. 1920년 이 모교를 수학하여 수료하였습니다.

1921년 조천 공립소학교에 입학하여 수학하였습니다. 1924년 이 모교를 수학하여 수료하였습니다.

1925년 만주 봉천 신민 소만중학교에 입학하여 수료하였습니다. 1927년 이 모교를 수학하여 수료하였습니다.

1927년 일본 강산현 사범학교에 입학하였습니다. 1929년 이 모교에서 수학하여 수료하였습니다.

19ㅇㅇ본ㅇ부ㅇ4ㅇ외국어 학교에 입학하였습니다. 193ㅇ년 이 모교에서 공부를 마치고 수료하였습니다.

1930년 일본동경(정)구 3전정 경웅의숙(지금의 경웅대학) 예과에 입학하여 수료하였습니다.

1931년 이 모교에서 수학하였습니다.

1931년 청국 광서성 유주 육군항공(학교)에 입학하야 수학하고 또 청국 하북성 보정(중앙군사정부) 1933년 이 모교를 수학 수료하였습니다.

1933년 청국 하북성 보정 중앙군사정부 장개석 원수의 소개로서 중경육해군대학교에 입학하여 수학하였습니다.

1934년 영ㅇ과분교에서 수학을 수료하고 소만국경 ㅇㅇ고준도ㅇ건사발동지철도 수비 중 일·영·불 합군의 동지철도에 건너왔습니다. 동시에 나는 미소독청의 사상(통일된 생각과 판단 체계) 보호자로 일·영·불을 반

대하고 있던 중 소련군대가 먼저 사격발사로 전쟁이 나서 수많은 사람이 죽어나간 가운데 나는 철상에 코끼리 고기를 등에 짊어진 덕분에 뒤에서 쏘는 탄환을 막을 수 있었으나 양팔 골격에 부상 입었으나 가운데(심장부 위)는 관통은 되지 않아 목숨을 건졌으며 또 좌측 어깨 위쪽 뼈에 총탄사격 으로 부상하고 또 권총에서 발사된 총알이 좌측 눈썹 쪽 머리에 부상하고 혼절한 상태에서 이 부상에 대한 수술을 받아 생명을 구하고

1935년 일본에 입국하여 일본비행학교에 입학하여 ○하였습니다.

조선 입국 중 경찰서에서 ○전년도 청국 상해 동문서원에 한국인 윤봉길은 폭탄을 건네받고 곰사냥 사살 전범으로 저격을 하겠다 하여 폭탄을 허위로 위장하고 폭탄을 건네주며, 당부의 말을 듣고는 얼마 없어 행동으로 옮겼는데, 일본군 회의 중(행사 중) 폭탄을 던졌으며, 이 사건에 나는 질주범으로 잡혀 진악범(사상범)으로 증명되어 처리되었습니다.

해방 후 1936년도에 징역을 살고─또 좌익이나 우익과는 무관합니다.

여하간 일본법에 의하여 목포형무소에 복역으로 집행되어 1937년 출옥하였습니다.

1937년 청국 북평가 중화대학교○학부에 입학하여 수료하였습니다. 1940년도 이 모교를 수학하여 수료하였습니다.

이상이 임도현 비행사의 자필 이력서에 실린 국한문 글 내용의 전문 한글풀이본이다. 그 외 독일어, 러시아어로 쓴 글에 대한 해석은 난삽하여 생략하였다. 그리고 자필 이력서에 큰 글씨로 쓴 한문 "南北美 獨 露 淸國 時事評判雄辯會演說場, 單獨演說練習─(西曆 一九四六年 四月四日 丙戌 三月三日 開始)"는 풀이하면 "남북미 독 러 청국 시사평판웅변회연설장, 단독연설연급(서기 1946년 병술년 3월 3일 개시)"라는 것으로 해방 후 세계 정세 판도에 대한 모종의 연설을 준비하고 있었음을 보여 준다.[180]

---

180) 임정범 씨 자료 제공.

부록 3. 1936년 임도현 비행사 공갈 및 무고죄에 대한 판결문 해석본[181]

소화 11년 형사공판 제64호

판결

본적 전라남도 제주도 조천면 와흘리 1463번지

주소 위와 같음

무직업

임립호 고도(사) 임도현

위 자에 대한 무고 및 공갈 피고사건에 관하여 검사 사무취급 조선총독부 전라남도경부 산구행태량 관여 판결함을 좌측과 같이 함.

주문

피고인 임도현을 징역 10월에 처함.

압수의 증 제5호(표시)는 이를 몰수한다.

이유

1. 거면신촌리 거주 임○○을 동성으로 하여 유복하는 것보다 동인에 대하여 소화 2년 3월경 내지(일본)유학의 자금으로 하여 금 4, 5십 원 정도의 차용을 요청하였던바, 이를 대신하여 금 2원을 잔별금으로 하여 주어졌고 또 소화 6년 중 입천비행학교 재학 중 학자금 5백 원 차용 등 수회에 걸쳐 간청을 했음에도 불구하고 임○○가 들어주지 않았기 때문에 (위) 비행술

---

181) 김전근(제주해녀박물관장), 부영성(일제 강점기부터 교편 교장, 1회 제주 해녀박물관장), 임정범 씨 자료 제공.

수업 중에 지나 상해로 도항하였으나 동지역 주재 영사관으로부터 송환되어 소화 9년 12월 중 귀향했다는 말이 있은 직후 취직구도 없는 생활에 궁한 나머지 이름(명분)이 일문의 비석건립을 빌려 우 임○○을 공갈하고 금액을 교부하게 하도록 하는 일을 계획하고 소화 10년 2월 14일 일문의 종손 임○권 쪽 임○○ 기타의 문족을 모아 선조임룡의 묘지에 비석을 건립하는 일이 필요함을 설득시키고, 또한 그의 건설비용을 소화 8년 4월 13일 임○○가 기의 망부 임○○의 유골을 묘지 이외의 지역인 우건비지역에 이장하므로 말미암아 이를 벌한다 하여 임○○ 일인에 있어서 부담하라고 주장하므로 임○○로 하여금 비용 금 20원으로서 건비 쪽 피고인에게 일임토록 하는 것을 승낙케 함과 아울러 소화 10년 6월 5일 고 임○○의 4대, 5대 및 6대의 조상의 씨명을 비문명 중에서 제외시키고 동부분만을 공백으로 된 것을 제작건비하고 그 해당 비용금 60원을 청구하는 일면 그 마을 임○권의 처 양남오(梁南五) 및 전시 임만권(任萬權)을 거쳐 임○○를 장흥임씨로 하여 오등과 동일한 풍천임씨가 아니고서는 임○○의 조선의 우 비석에 이를 가명할 수 없음은 당연하나 단, 만약에 금 3백 원을 제공한다면 이에 가명을 허락할 뜻을 고지했음에도 불구하고 임○○ 이를 고려해 보지도 않을 뿐 아니라 더욱 강경책을 사용하여 금원(자금)을 제공케 할 목적으로 소화 10년 8월 2일 피고인 견서자택에서 경2촌약장한 약 4척(尺)약의 송사목을 세워놓고 그 양면을 깎아 해당 양면에 걸쳐 임○○은 망부의 유골을 무허가로 묘지명분의 땅에 매장하였으므로써 소화 10년 음력 9월 6일까지 개장할 것이며 그렇지 않으면 유골을 태워 없애 버릴 것이고 반항자는 살해할 것이라는 글 뜻을 필화하여 구 7월 3일 임○○라고 서명한 다음 이를 (증제 5호)전시밀장분묘상에 떼려 꽂고 동월 4일 임○○로 하여금 이를 발견하고 공포의 념을 야기하도록 하기에 이르렀음에도 동인에 있어서 더욱 금전을 제공할 뜻을 기피하게 하는 결과밖에 아니 되어 위 공갈의 목적은 미수에 그쳤고.

2. 전항과 같이 하여 공갈의 목적을 달성하지 못함보다도 소화 10년 8월 10일 및 동월 17일의 2회에 걸쳐 전시 임○○의 망부의 유골을 묘지 명분의 땅에 매장한 사실 등을 기재한 고소 고발서 또는 진정서로 된 덧을 조천경찰주재소에 제출하였으나 이에 대해 동소직원 조선총독부 전라남도 순사 우방호(牛坊號) 동 환본희일랑(丸本喜一郞) 동 하필수(河弼洙)의 3명이 고의로 피고인 때문에 이를 불이익하게 취급하는 것처럼 억측으로 불만의 생각을 품고 우 3명이 임○○로부터 뇌물을 수교한 사실이 없이 피고인 스스로 추호도 명백한 범죄사실을 검인하지 않았음에도 불구하고 우 3명으로 하여금 형사 또는 징계의 처분을 받게 하도록 할 목적으로써 범의를 계속하여 피고인 견서자택에 있어서 피고인 자기의 서명날인을 쓰고

1. 소화 10년 11월 10일, 개략 우 순사 3명이 임○○로부터 지난번에 뇌물을 수교하고 임○○의 범죄에 대해서 불법의 조치를 한 취지의 조선총독부 정무총감 완서 정 1통,

2. 소화 10년 11월 17일 약 우 동 취지의 전라남도경무부장(경찰부장의 의)완 서면 1통, 3, 소화 10년 12월 29일 약 우 동 경찰부장의 취지의 제주도 경찰부장 宛 서면 1통을 작성한 상서 일동에 넣어 각 서류우편으로 하여 피고인견서지로부터 이를 발송하고 우 1의 서면은 소화 10년 11월 18일, 2의 서면 동 월 22일, 3의 서면은 당시 일시 부상 교부완명관청으로 이를 도달토록 함으로써 학위(학대함과 거짓말)의 신고를 하게 된 것임.

적용법조

1. 형법 제249조, 제250조, 제19조 제1항제2호, 동 조 제2항

2. 형법 제172조, 제169조, 제54조 제1항 전단 제10조 내지 중 우 순사 우 방호(牛坊好)를 무고한 죄의 처분에 따름.

제55조 내지 전법 제45조 제47조(무거움 우 무고죄의 형에 따름) 제49조, 이상

소화 11년 5월 4일

광주지방법원제주지청

조선총독부 판사 암기위일랑(岩崎爲一郎)

부록 4. 공습받은 중국

이날 난 조용하게 일본 침략자들이 날아오길 기다리며 펜을 들었다. 경보는 벌써 15분 전에 발령됐고 난 관례에 따라 밖에 나가 공습을 관찰하고 우리의 방어시설을 세세히 살펴보았다. 적기가 임박했을 때쯤, 난 내가 본 걸 일일이 다 기록했다.

일본이 상해에서 공습을 시작한 이래 벌써 두 달이나 흘렀다. 두 달 동안 우리 국민이 받은 고통은 이루 말할 수가 없다. 외국 군사 전문가들은 세계 어디를 봐도, 설령 지금 일어나고 있는 스페인 세계대전을 봐도 우리만큼 잔혹하진 않다고 했다. 일본군은 선진적인 설비로 무장하고 상당히 계획적으로 폭격과 육상전투를 벌이고 있지만 우리군은 설비도 부족하고 계획성도 부족하다. 그러나 우리에겐 전의에 불타는 용사들이 있다! 외국 군사 전문가들은 이렇게 참혹한 전쟁을 견뎌 내는 중국인들에게 탄복하고 있다.

현재 일본 폭격기가 다가오고 있다. 옆에 있던 소걸이 '3대, 6대 … 9대'라고 소리쳤다. 이 아이는 시력이 상당히 좋아 곁에 두고 있다.

10월 12일 오후 2시 42분, 어찌나 날씨가 좋은지 하늘엔 구름이 몇 무더기 있을 뿐이다. 그 위로 가지런히 쌓인 적운이 흩어져 있었다. 갑자기 일본 중폭격기 3대가 적운을 뚫고 남쪽으로 날아갔다. 뒤로 전투기 3대가 따라왔는데, 고사포 사격이 격렬했다. 전투기 주변으로 검은 연기가 부옇게 퍼져 나갔다. 일본 폭격기는 뒤에 있던 아군 전투기를 향해 미사일을 퍼부었다. 이쪽으로 3대가 또 날아왔다 … 모두 9대의 비행기가 구름 뒤로 숨었다. 우린 전투기의 추격 소리를 들을 수 있었다. 고사포의 폭격소리가 사방팔방에서 들리면서 아군 전투기 몇 대가 보였다. 그들은 본래 구름 위를 날고 있었다. 조종사들이 교전을 펼치는지 기관총 소리가 하늘에서 들렸다.

9대의 폭격기가 목표물을 명중시키려, 도시 상공 여기저기를 날아다니다 보니 대형를 유지할 수 없었고, 처음 눈에 보였던 적기 3대는 현재 남쪽 성벽을 향해 날아가고 있었다.

2시 46분, 거대한 화염이 피어올랐다. 엄청나게 짙은 연기 기둥과 먼지가 상공을 뒤덮었고 그들은 폭탄을 계속 퍼부었다. 그들이 흩어지자 아군 전투기는 추격을 계속했다. 북쪽에서 치열한 공중전이 펼쳐졌다. 이들은 2시 43분에 시작되었다. 모든 폭격기가 구름 속으로 들어가 보이지 않았으며 일본 전투기 몇 대가 아군 전투기에 의해 겹겹이 포위된 게 보일 뿐이었다.

2시 50분, 서북쪽 하늘에서 교전이 펼쳐졌다. 적기 한 대가 빠른 속도로 날아왔는데, 그 뒤로 'eagle'호 전투기가 바짝 추격하고 있었다. 적기는 자금산 뒤로 사라졌다. 그들은 구름 뒤로 사라졌다 나왔다를 반복했다. 앞에 있던 세 대의 폭격기는 폭탄이 다 떨어져 동쪽에 있는 상해 부근 근거지로 날아갔다. 나머지 6대는 아군 구축기에 의해 흩어졌고 남쪽 구름 안팎을 맴돌면서 목표물을 명중시키고자 했다.

2시 55분, 북쪽 상공에서는 여전히 전투기 몇 대가 교전을 벌이고 있었다. 기관총의 총성이 끊임없이 울려 퍼졌다. 폭격기 9대가 이 틈을 타 남쪽으로 빠르게 날아가 비행장에 폭탄을 투하했다.

2시 56분, 폭탄 몇 개가 똑같은 장소에 떨어졌다. 서쪽 하늘에서 교전이 치열하게 벌어졌다. 중국의 'eagle'호 전투기가 날개가 하나밖에 없는 전투기를 추적하고 있었다. 그들은 빙빙 돌더니 빠른 속도로 스쳐 지나갔다가 급상승했다. 그들은 끊임없이 기관총을 쏘아 댔다. 적기가 아군 조종사를 맞힌 듯했다. 휴, 아닌가 보다. 그들은 서로 멀찍감치 떨어지더니 각자 큰 원을 그리며 돌았다. 그리고 곧 빠르게 서로를 향해 돌진했다. 그들은 기관총으로 서로를 향해 쏘았다. 날개가 하나밖에 없던 적기는 잠시 멈춘 듯하더니 빙글빙글 돌며 빠른 속도로 추락했다. 기체에서 화염과 검은 연기가 솟아올랐다. 격추당한 비행기는 도시 남문 근처의 인가가 밀집한 지역으로 떨어졌다. 붉은 화염과 검은 연기가 하늘을 가로지르며 떨어지기 시작했다. 아군 '이글' 호는 상공을 휙 돌며 적기가 떨어지는 걸 지켜봤다.

2시 58분, 적기는 어떤 집으로 추락했다. 집은 붉은 화염에 휩싸이며 불타기 시작했다. 아군의 '이글' 호는 한 바퀴 돌더니 북쪽으로 날아갔다. 북쪽에선 다시 교전이 시작됐다. 동북쪽과 서북쪽 구름 안팎에서는 수많은 교전이 일어났다. 이 치열한 전투들은 3시 3분 후에 차례로 일어났다.

3시 10분, 아군 비행기가 큰 소리를 내며 스치고 지나갔다. 구름 뒤에서 적기 세 대가 나타나 아군 비행기를 추격했다. 한 대가 아군 비행기를 바짝 쫓으며 다가오더니 순식간에 사라졌다.

3시 17분, 지금은 비행기가 단 한 대도 보이지 않는다. 멀리서 희미한 총소리만 들릴 뿐이다. 적기가 추락한 지역에선 여전히 검은 연기가 피어올랐다.

3시 20분, 지금 하늘은 적막하기만 하다. 이번 공습은 대략 40분이 걸렸다. …집에 갈 시간이다. 난 이제야 적기가 세 대나 격추됐으며, 오전에는 두 대가 더 격추당했다는 사실을 알게 됐다. 이 두 대는 남경으로 귀환 도중 아군에게 잡힌 것이다. 이번 공습에는 폭격기가 9대나 출동했으며 (폭격기마다 조종사 등 6명이 타고 있었다), 구축기도 6대나 출동했다. 아군 비행기는 두 대가 격추당했는데, 네 명이 부상당하고 한 명은 순국했다(송미령).182)

---

182) 北京航空聯誼會, 『中蘇美空軍抗日空戰記實』, 2005. 67쪽, 68쪽.

北京航空聯誼會, 『中蘇美空軍抗日空戰記實』, 북경, 중국,
2005. 67쪽에 실린 송미령 여사 글

부록 5. 중국에서 활약하던 우리 조인들183)

(1909?) 우리의 조국이 강도 일본의 침략에 의하야 병탄되자 열혈 한국 남아들은 국권박탈에 울분을 금할 길 없어 반만년 역사의 뿌리 깊은 조국 강토와 신성한 자주독립의 주권을 회복하려는 굳은 결의를 품고서 국경을 넘어 만주 해삼위 오지로 유랑황막의 생활을 시작하였다. 이역황량한 벌판에서도 동지는 동지를 규합하고 한민족은 굳게 단결되어 민회를 성립하고 학교와 교회를 건립하고 독립군대도 조직하야 항일 국권회복의 위대한 목적을 향하야 일보, 이보 그 터전을 닦아왔던 것이다.

한편 조국 자주독립의 전취를 맹서하든 젊은 청년들은 중국본토로 가서 제 군사학교에 입교수학도 하고 또는 직접 현역군대에 투신하야 실지전투에 참가도 하야 그 존귀한 생명을 희생시켜 가면서 오직 조국광복을 위하야 귀중한 경험을 축적하였든 것이다.

세태의 변동과 문명이 발달함에 따라 인간생활이 평면적 생활에서 입체적 생활로 변경함과 동시 근대전의 특색이 평면적 전쟁에서 입체적 전쟁으로 변전한데 있음을 깨닫게 된 수명의 동지는 용약 공군방향으로 전신하여 항공의 기술을 연마 체득하는 데 힘을 기울였다. 당시 중국에서는 중국공산당을 토벌하야 중국의 국토를 통일하려 할 때이므로 중국의 통일문제는 우리나라 독립전취와는 밀접한 관계가 있음을 알게 된 우리는 중국 통일을 위하야 이역창공에서 맹렬히 활약하였고 그 후 중일전쟁이 발발하자 우리 항공인들은 동아의 침략자 일본제국주의를 타도하는 데 큰 공훈을 세웠든 것이다.

이들 중국에서 활약하든 조인들 가운데 이미 고인이 된 서왈보, 안창남

---

183) 최용덕, 「중국에서 활약하던 우리 조인들」, 1951년, 공군본부 정훈공보실.

은 만주 중국본토 등지에서 항공인으로서의 그 탁월한 기술을 발휘함으로
써 중국항공계에서도 경이적 존재였으며 조국의 광복과 중국항공발전을
위하야 한국남아의 만재의 기염을 토하였던 것이다.

　서왈보 장군은 함경도 원산 출생으로 일직이 평양 대성학교를 졸업후
만주 독립군에 가입하였다. 그후 유동열 선생의 의촉을 받고 한국임시정부
요인들 협조하에 한국 군인 양성 및 군대편성에 착수하였으나 당시 혼란한
중국 정세하에 뜻을 이루지 못하고 몽고사막지대까지 들어가서 한국독립
군 간부양성에 주력하였으나 여의치 못하여 북경으로 돌아온 그는 군사학
을 연구하고자 중국 육군군관학교에 입학하야 과업을 마친 후 다시 항공에
대한 선각이 있어서 본인과 같이 공군사관학교에 입학하였다. 본인은 수업
도중 중국인 성명을 가용한 것이 발각되어 일단 퇴교되었으나 다시 복교되
고 1919년 10월에 서왈보 장군이 공군사관학교를 졸업하야 한국인으로서
의 공군 최초의 자리를 점유하게 되었다. 그후 장군은 만주에서 독립군 양
성, 중국 국토통일을 위하야 실전에 참가하는 등 공군의 한 사람으로서 크
게 활약하든 도중 불행히도 1926년 비행기 사고를 말미암아 장가구 부근에
추락하여 한 많은 일생을 이역만리 땅에서 끝마치고 말았다.

　1926년 안창남 비행사가 웅지를 품고 일본에서 중국으로 건너왔다. 그의
이름은 삼척동자라도 잘 알 만큼 한국이 낳은 우수한 비행사였었다. 그가
일본에서 수업 중에 받은 모든 고난은 한민족이면 누구나 다 잘 알고 있는
것이므로 이에 언을 피하려고 한다. 그가 중국 산서성의 염석산의 초빙을
받고 공군사관학교를 설립하야 중국항공발전에 큰 공적을 세우는 한편 조
국 독립사업에 눈부신 활약을 하다가 1930년 4월 비행기 사고로 중국 태원
에서 31세를 일기로 불귀의 객이 되어 버렸다. 안창남비행사의 상실은 우
리 한민족의 크나큰 손실이었을 뿐만 아니라 중국항공계에서도 큰 충격을
주었었다. 염석산은 그의 순직의 비보를 듣고 극히 애석했으며 그의 장례
식을 국장에 미치지 않을 만큼 장대하였다는 것이다. 중국에서 활약하던

한국인 조인 가운데 잊을 수 없는 또 한 사람은 전상국이다. 그는 황해도 출신으로 일찍이 서울 보성중학을 졸업하고 도일하야 이본제이 비행학교를 우수한 성적으로 졸업한 후 뜻한 바 있어 중국으로 건너와 중국 공군 제2항공대 부대장, 공군사관학교 교관, 항일 전쟁시 폭격중대장으로서 혁혁한 전공을 세워서 중국국민으로부터 많은 존경과 찬양을 받았든 것이나 불행히도 1938년 5월 중요임무를 띠고 중경에서 형문으로 비행하는 도중 기계고장으로 장강 상류에 불시착하야 이 또한 많은 불귀의 객이 되었다.

이외 중국 운남 공군사관학교를 졸업한 이영무, 권기옥(여), 그리고 공군사관학교를 졸업한 김진일, 장성철 등의 항공사가 있었고 그 외에도 김은제, 김영재, 최양성, 손기종, 염온동 등의 한국인 비행사가 있었으나 그들의 약사는 지면관계로 차기에 미루기로 한다.

1945년 8월 15일, 조국의 해방을 맞이하야 우리들 중국에서 활약하든 조인들은 조국의 광복, 조국의 자주독립의 광명을 누리고저 중국을 떠나 고국으로 돌아왔다. 조국은 남북으로 양단되고 군정 3년에 1948년 8월 15일 대한민국 수립이 만방에 공포되어 세계민주진영 국가와 보조를 맞추게 되었으나 작년 6·25를 기하야 민족천추만대의 원수인 김일성 괴뢰도당의 무력남침으로 말미암아 조국의 강토는 뜻하지 아니한 전벽에 사로잡혀 반만년 역사상에 전례없는 참화를 입게 되었으니 이 어찌 국가민족의 비통한 애사가 아니랴. 다행히 유엔민주진영우방 국가의 희생적 원조를 얻어 우리 강토를 침범한 중공 오랑캐를 무찔렀는데 성공하게 되어 머지 않는 장래에 자유세계의 공적 공산당을 말살시켜 우리 삼천만 민족의 위대한 목적이 이루어질 것을 믿는 바 6·25 1주년을 맞이하여 과거 중국 국토통일을 기하야 공산당과 싸우든 옛 동지들을 회상하며 지난 일 년간에 우리가 겪어온 난관을 돌이켜 보고 느낀 바 몇 가지를 기술하면 우리 공군에서는 인원과 비행기 무기가 극도로 빈약하였음에도 불구하고 조국통일성업을 위하야 이편단심으로 결사동하야 다대한 공적을 세웠다. 앞으로 우리 공군의 시명은 조국통일, 국토방위의 군사상으로나 세계민주선진우방국가와 비견할 수 있는 공군건설에 있다. 따라서 우리 공군은 이 중대한 사명과 목적을 명심하야 전승의 시간단축을 기하는 동시에 우리들의 손에서 제조된 비행기로서 우리에게 부하된 사명을 달성하도록 적극 노력하여 주기를 기하여 마지 않는다.

三千里 十二月號

最近半島의來往社諸賓客

米國議員團의入京 ……… 南宮檍 …(八)
國際聯盟리튼卿 ……… 金東進 …(一○)
王正廷君의回想 ……… 金昌○ …(一三)
徐載弼氏의追憶 ……… 淡湖陽生 …(二二)
法廷에선花井卓藏 ……… 李敦化 …(二三)
弱少民族의旦博士 ……… 許憲 …(二三)
山本改造社長의印象 ……… 尹白南 …(略)
瑞典皇太子入京 ……… 鄭寅翼 …(一四)

國際聯盟에 提起될 朝鮮人問題 ………(一六)

□泰政權과學生 ……… 辛泰嶽 …(一六)
□外國의代表的新聞觀 ……… 李灝鏞 …(一四)
□全朝鮮辯護士大會記 ……… 許憲 …(一三)

□海外活躍中의白衣士官

西伯利亞의朴일니아陸軍大佐 ……… 草士 …(略)
南京의飛行學校教育金鐵器中佐 ……… 同 上 …(三五)
哈爾賓의滿洲國士官本克中佐 ……… 同 上 …(三九)

千萬圓의兩大富豪
羅津港을背景으로
財界의怪傑洪鍾華金基德 兩氏 一代記 …(二○)

朝鮮內辯氏의近況
泰天同胞의近況
學界片片
重要人物의被連

三千里丛

□滿洲國紀行 ……… 林元根 …(三四)

中國飛行學校入學希望者에게 ……… 南京…金鍊器 …(四○)

南京서戰鬪機탄 飛行中佐金鍊器氏

中國南京으로가보면　市外와隣接한　東廠街에　浮城과갓치　灰色으로　建築한　크다란飛行機格納庫가잇고　그리고　거긔어　多數한飛行將校가　산듯하게　차린軍服姿態로　來往하는것이　보인다　이것이　國民政府의　航空第一隊요　이隊의　飛機한士官으로　朝鮮사람인　金鍊器氏가　잇다　金鍊器氏는　現在飛行學校의　敎官으로　잇는현役航空隊에　勤務하고잇는데　地位는　飛行中佐다。

金中佐는　故鄕이　平安道로　일즉平壤에　이르러崇實學校를　마친뒤　一九二六年에　東京에　드러가서　東京府下立川町日本飛行學校에　天與하야　一九二九年에　二等飛行士　免許狀을　엇어한뒤　故土訪問飛行을　하려고하엿지만　그리함에는　표願의　經歷가　모는關係로

×　　×

二聘戰功을세우고　二四年인　一九三〇年에　新義州에와서　駐劄하고잇드　中國軍事朱氏의　紹介로　南京에　到着하야　外交部의　紹介로　將令石□國의　航空署에　入隊하엿다。

거기어서　優秀한　成績을나타내어　國民政府軍政部航空署　一隊小校飛機師로　一關航空小佐에　任命되엇다。

그리한뒤는　漢口의　第一隊에서　敎鞭을드난한편　戰鬪機를　操縱하야　一九三〇年七月以後約二個年동안에　沙市、長沙、南昌、華鄕、駐馬店、鄭州、北平、鮮邦、開封、南京各　戰地로　轉々飛行하야　偉大한　戰績을나타내엇슴으로　다시　中佐로昇格되엇스며　氏의　이약이를　듯건대　過去七年동안에　飛行한　時間만　七百時間이엇다고하니　激烈하게　飛行을　揚棄한줄을　알수잇는한편　七百時間을　탓스면서도　一

—（ 3 8 ）—

哈爾濱서 活躍中의
陸軍中佐 李亮氏

二次의 墜落負傷도 엄엇다는 점으로보나 內外國人이하는갓치 驚嘆하는바와갓치 天才임을 알수잇겟다.

×　×

金中佐의 말을 드르면 現在國民軍에쓴 飛行機가 二百餘臺가모다 四百餘架飛機가 八十餘臺 그리고 爆撃機가 同民政府에쓴 飛行將校를 養成하는 熱心大端하야 現在二百餘名의 士官이잇고 그리고 航空隊는 第一隊로브터 第七隊까지 編制되어잇다고한다.

그런대 金中佐의 思後한天才는 國民政府에 信任을 두텁게 밧을 뿐더러일즉 蔣介石으로부터 國民政府의 發展은밧엇다고 하는대 元來氣慨잇는 靑年인지라 中國의 革命形勢와 時局에 對하야 新興靑年들사이에 만흔째已를가지고잇다한다.

「達格拉斯五百七十五馬力」의 新戰鬪機를操縦한 그親友를 靑天白日아래에쓰 빈득인 朝鮮靑年이엿슴을!

다記憶하라 이快男兒가 힌옷임은 피슬는 朝鮮靑年이엿슴을!

中國飛行學校志願하는 故國青年에게

南　京　金　鍊　器

貴三千里社 益益 發展하옴심을 仰祝하나이다。

이것을 쓰게된것은 恒常朝鮮青年으로서 航空界에 만흔 趣昧를두고 飛行機를 배우고십나는 青年이 아주만어 잇다금마다 나에게로 편지가오는데 그래서 나는飛行機를 배우고 십흔데 엇더케 하엿스면 조흘지모르는 青年이 만키쌔문에 여지껏 至今 거지의 나의經驗과 日本서 貳等飛行士가 되여가지고 中國航空中佐가 뭐뭐쩌지의 이약이를 것습나다。이寫眞은 나의것이며 이飛行機는 나의愛用하는 飛行機인데 發動機가 五百七十五馬

—〔64〕—

力戰鬪機올시다.

朝鮮靑年으로서 飛行家가될나면 年齡十七歲로 二十三歲까지 된者 身體健康한者로 體格檢査에 合格될것 入學限度는 中學 卒業한者외다

朝鮮靑年으로서 中國航空學校에 入學합니다 云海不通함으로 좀困難이것지만은 日本과 비하여서는 入學하기가 쉬울듯합니다 中國航空學校는 民間飛行學校는 것이업고 政府에서 경영하는 陸軍飛行學校임니다.

入學만하면 卒業할때까지 校費生으로 學校에서 돈내여주며 卒業하고나면 航空隊로내여보내지요. 卒業期限은 二年이며

至今 中央航空隊第一隊여서 잇七隊까지잇스니가 卒業한後 各隊로 나오게되지요 처음에는 航空大尉로 登百貳拾餘元이올시다 그런데 中國航空學校에 入學할나면 먼커 中語를 알어야만합니다 飛行學校는 杭州中央航空學校가잇스며 廣東雲南地方에도 飛行學校가잇지요 그리고 日本民間飛行學校여서 貳等飛行士 發許狀을 得할나면 學費와 自己雜費 四五元만잇스면 自己의資産이 잇서야만되고 中國航空學校에 入學하면 校費生으로 金錢은 들지 안치만 中語만알으면 入學하여 一九二九年에 貳等飛行士 發許狀을 得하여가지고 一九三〇年度에 中國國民政府軍政部 航空第一隊少佐飛行機師로 入隊하엿슴니다. 今年去 四月中旬頃에 航空第一隊中佐로 昇格되엿지요 나亦是日本外 貳等飛行士 五千餘元을들려 卒業하엿슴니다 容恕하시고 나는文學家도 못된말도만흐니 나는 잘못된말을 容恕하시고 技術的成功인 金鑄器가쓴것인줄만알고 보시요 이만으로웃칩니다.

— (一月三日) —

中國南京東廠街
航空第一隊 金 鍊 器 拜

調情 리우운리그

대보름날의 다리봄기

정월보름날은 다리밟는 노리―
이것은 조선의 독특한 풍속이다. 이날밤에 다리를 밟으면 일년중에 다리가 건강하여 다리병에 걸니는 일이업고 또 흉사가업 다하며 남녀노소업시 다리밟기를몸소 한다.

미신에서 출발한일이나 밝은달밤 다리밟기하는 남녀노소의 일떼가 교ㅅ한 월색아래로 오고가고 하는 그광경도 조선정조를 살니는 아름다운 일 중의 하나일것이다. 다리봄기는 지금도 개성(開城)이 가장 성하다 뿐가.

이윤식 ─────────────────────────────────────

　1957년 서울 출생
　건국대학교 법학과 졸업
　한국외국어대학교 철학과 대학원 졸업(서양철학 전공)
　1999년 『문학사상』으로 소설 등단

　『습관을 알면 문화가 보인다』(1997)
　『비행기로 민심을 격발하고 장래 국내에 대폭발을 일으키기 위함이라』(2003)
　『습관의 역사』(2006)
　『창석 최용덕의 생애와 사상』(2007)
　『히말라야의 별』(2008)
　『조국의 별, 최용덕』(2009)
　『항공독립운동과 대한민국공군』(2010)
　(이메일: eungoo57@hanmail.net)

항공독립운동과
임도현 비행사

초 판 인 쇄 ｜ 2012년 8월 17일
초 판 발 행 ｜ 2012년 8월 17일

지 은 이 ｜ 이윤식
펴 낸 이 ｜ 채종준
펴 낸 곳 ｜ 한국학술정보㈜
주　　소 ｜ 경기도 파주시 문발동 파주출판문화정보산업단지 513-5
전　　화 ｜ 031) 908-3181(대표)
팩　　스 ｜ 031) 908-3189
홈 페 이 지 ｜ http://ebook.kstudy.com
E-mail ｜ 출판사업부　publish@kstudy.com
등　　록 ｜ 제일산-115호(2000. 6. 19)

ISBN　　978-89-268-3703-0 93990 (Paper Book)
　　　　　978-89-268-3704-7 95990 (e-Book)